Sekundarstufe

Eckhard Berger

Kunstepoche Expressionismus

Theorie & Praxis kompakt und leicht verständlich

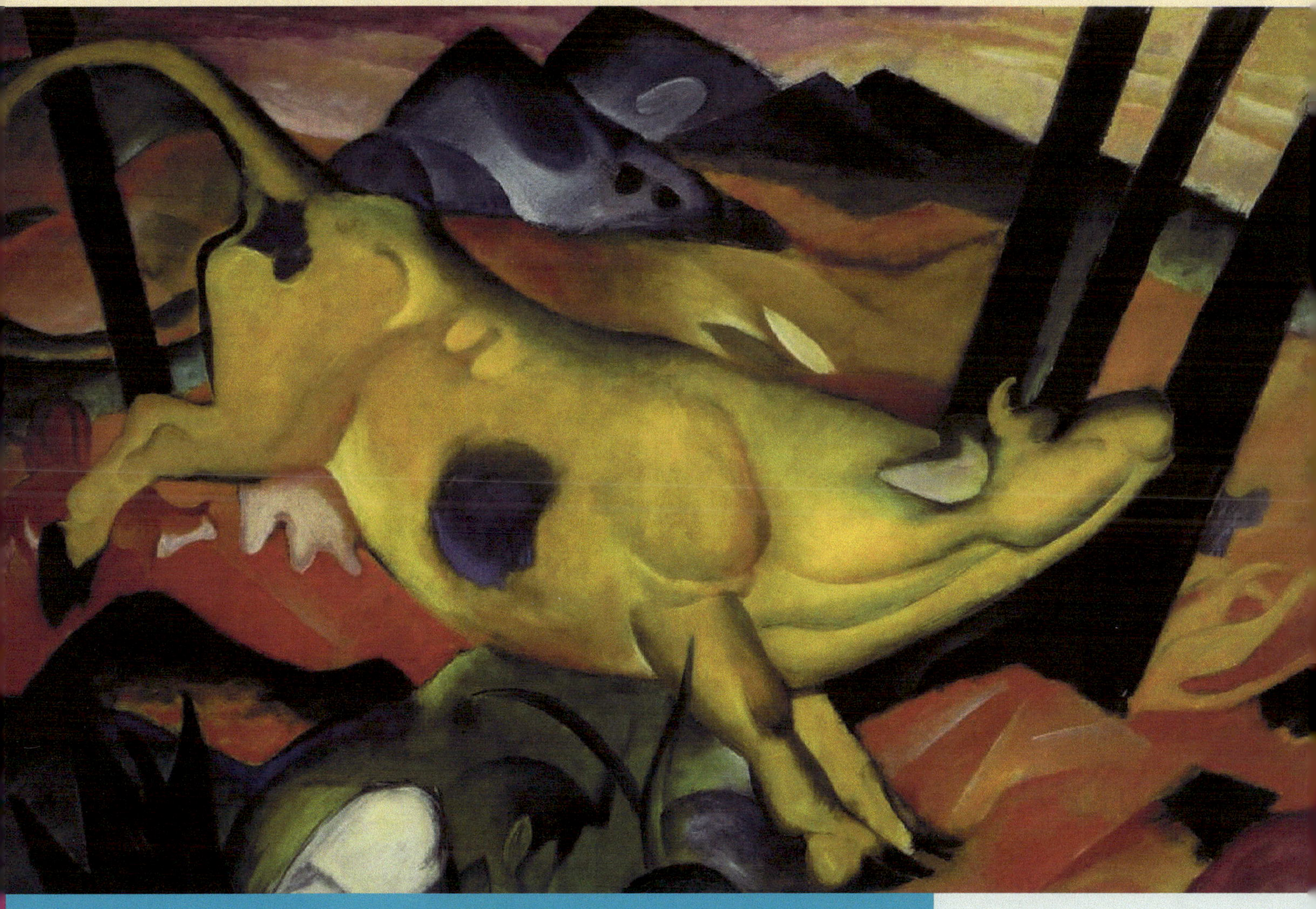

- Entstehung & Entwicklung
- Bedeutende Künstler und ihre Werke
- Spannende Aufgaben
- Lernstarke Tipps & mehr

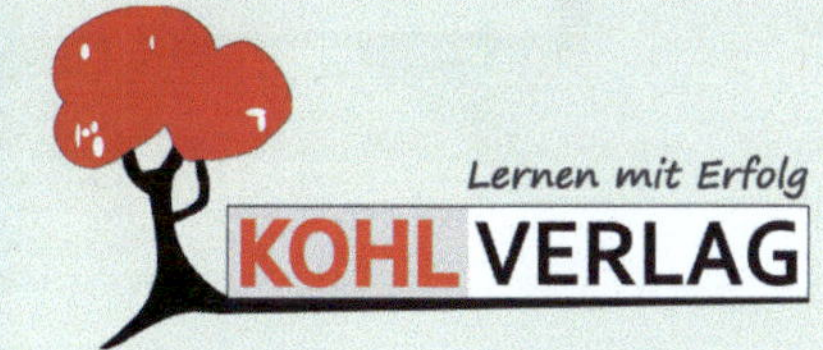

Die Kunstepoche EXPRESSIONISMUS

Theorie & Praxis kompakt und leicht verständlich

3. Auflage 2025

Konzept, Idee & Gestaltung: Eckhard Berger
Text: Eckhard Berger
Illustrationen: Barbara Berger & Eckhard Berger
Fotos: Archiv teamberger, Barbara Berger, Adrian Berger, Fotolia.com
Redaktion: Kohl-Verlag
Grafik & Satz: Kohl-Verlag
Druck: Elanders Druck, Waiblingen

Bestell-Nr. 12 356

ISBN: 978-3-96624-029-1

Kontakt: Kohl-Verlag, An der Brennerei 37-45, 50170 Kerpen
Tel: +49 2275 331610, Mail: info@kohlverlag.de

INHALT

Vorwort 5

Expressionismus - Entstehung und Bedeutung 6-8

Franz Marc - Leben und Werk 9-11
Aufgaben
- ***Zwei Frauen am Berg*** *1906* 12
- ***Die großen blauen Pferde*** *1911* 13
- ***Kühe - rot, grün, gelb*** *1911* 14-15
- ***Rehe im Walde II*** *1914* 16

August Macke - Leben und Werk 17-19
Aufgaben
- ***Stillleben: Hyazinthenteppich*** *1910* 20
- ***Garten am Thuner See*** *1913* 21
- ***Markt in Algier*** *1914* 22
- ***Mädchen im Grünen*** *1914* 23-24

Paula Modersohn-Becker - Leben und Werk 25-27
Augaben
- ***Worpsweder Landschaft*** *1900* 28
- ***Mädchen mit Katze im Birkenwald*** *1904* 29-30
- ***Stillleben mit Blattpflanze, Zitrone und Apfelsine*** *1906* 31
- ***Die Armenhäuslerin*** *1906* 32

Egon Schiele 33-35
Aufgaben
- ***Porträt der Edith Schiele*** *1918* 33
- ***Vier Bäume*** *1917* 34
- ***Steingutgeschirr*** *1918* 35

Otto Modersohn 36-38
Aufgaben
- ***Sommerliche Dorfstraße in Fischerhude*** *1920* 36
- ***Frühlingstag an der Wümme*** *um 1922* 37
- ***Entenhaus an der Wümme*** *1926* 38

Lovis Corinth 39-40
Aufgaben
- ***Großes Selbstporträt vor dem Walchensee*** *1924* 39
- ***Ostern am Walchensee*** *1922* 40

KOHL VERLAG Die Kunstepoche EXPRESSIONISMUS Theorie & Praxis kompakt und leicht verständlich – Bestell-Nr. 12 356

INHALT

Jan Oeltjen 41-43
<u>Aufgaben</u>
- ***Kleiner Hafen*** *1919* 41
- ***Ottenbrücke*** *1920* 42
- ***Hochland*** *1923* 43

Tests 44-46
- Test Expressionismus 44
- Test Künstler 45
- Lösungen 46

Internationale Künstler des Expressionismus 47

Kunstepochentabelle der Antike, des Mittelalters und der Neuzeit 48

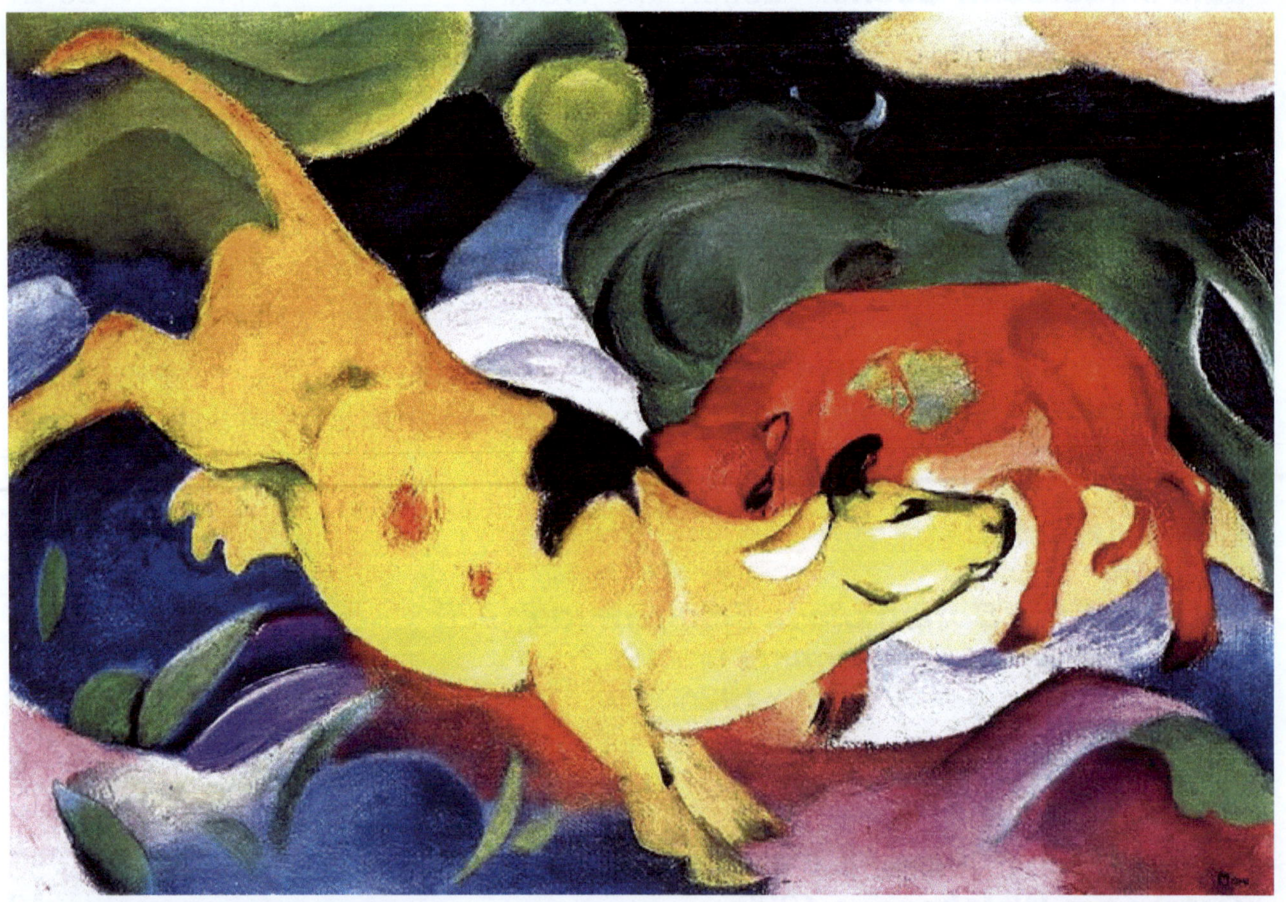

Franz Marc ***Kühe - rot, grün, gelb*** *1911*

Die Kunstepoche EXPRESSIONISMUS
Theorie & Praxis kompakt und leicht verständlich - Bestell-Nr. 12 356

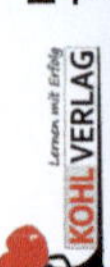

VORWORT

Expressionismus aus der mehrbändigen Reihe **Die Kunstepoche** ist für alle Schülerinnen und Schüler im modernen Kunstunterricht, in Kursen, Projekten und Arbeitsgemeinschaften nach einem innovativen und besonders effektiven Konzept im Rahmen der Bildungsvorgaben und Standards entwickelt worden.

Jeder Band ist ein grundlegendes kunstgeschichtliches Lehr- und Lernbuch zu einer großen relevanten Kunstepoche mit den bedeutendsten Künstlern, Meisterwerken, besonderen Stilmerkmalen, wichtigen Fakten, prägnanten Sachtexten, exklusiv ausgewählten Fotos und Werksabbildungen, kreativen Erarbeitungsfragen, besonders lernstarken und ansprechenden Basis- und Erweiterungsaufgaben und abschließenden Tests.
Die in den Bänden dargestellten Kunstepochen reichen vom Mittelalter bis in die Neuzeit. Sie umfassen beispielsweise die Gotik, den Klassizismus, den Barock, die Romantik, den Realismus, Impressionismus, Expressionismus und Jugendstil und sind Standardwerke für den erfolgreichen Unterricht.

Das Lehr- und Lernbuch **Expressionismus** erklärt sehr eindrucksvoll und verständlich, wie sich zu Beginn des 20. Jahrhunderts eine neue Richtung in der Kunst entwickelte. Die Künstler wollten ihren persönlichen Ausdruck mit ihren Gefühlen fantasievoll, verfremdet ohne Details wiedergeben. Es bildeten sich Gruppen mit bekannten Künstlern: die **Brücke** 1905 in Dresden mit Erich Heckel und Ernst Ludwig Kirchner und der **Blaue Reiter** 1911 in München mit Franz Marc und August Macke. Das „innere Malen“ wurde Programm. Kurze Zeit später breitete sich die Richtung international aus.

In der praktischen Erprobungsarbeit mit **Expressionismus** zeigte sich schnell, wie sehr begeistert und hoch motiviert Schülerinnen und Schüler erfolgreich kunstgeschichtliche Inhalte aufnehmen und gestalterisch umsetzen und den Kontext zur Gegenwartskunst bilden. **Expressionismus** kann direkt ohne eine große Vorbereitung in der Unterrichtspraxis eingesetzt werden.
Eindeutige Zeichen geben schnell die nützlichen Orientierungshilfen:

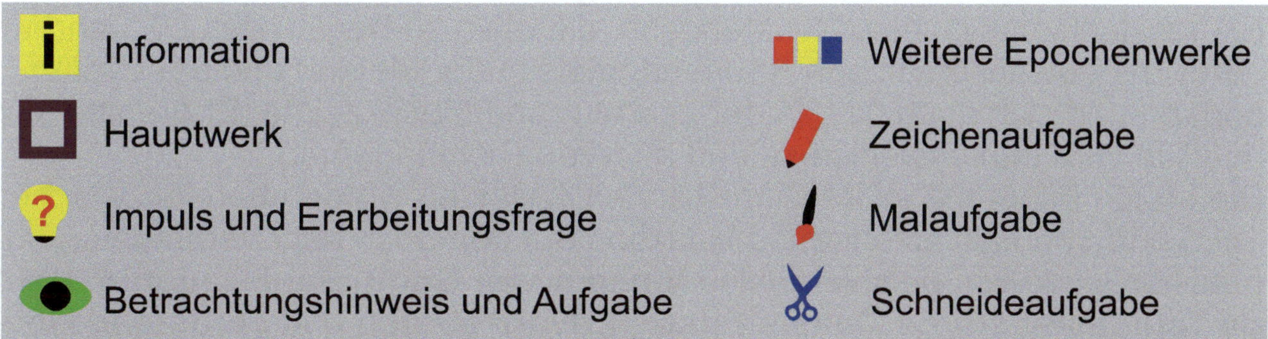

Viel Spaß, Freude und Erfolg mit dem Lehr- und Lernbuch **Expressionismus** wünschen der ***Kohl-Verlag*** und ***Eckhard Berger***

Mehr Informationen, Empfehlungen und Tipps: *www.kohlverlag.de und www.teamberger.de*

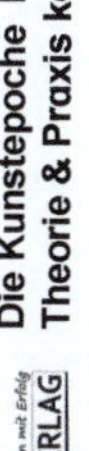

Expressionismus *um 1900 bis 1950*

i *Der Expressionismus ist eine Bewegung, die zum Ende des 19. und Anfang des 20. Jahrhunderts entstand. Die Künstler wollten eigene Wege gehen und einen neuen Stil finden. Im Gegensatz zu den Künstlern des Impressionismus, die den Eindruck unter Weglassen von Details und Berücksichtigung der Lichtverhältnisse darstellten, hatten sie den Ausdruck in Verbindung mit ihren Gefühlen zum Ziel. Sie wollten nicht wirklichkeitsgetreu mit Einzelheiten, sondern fantasievoll, abstrahiert und verfremdet malen. Ihre Farbwahl war häufig nicht naturgetreu.*

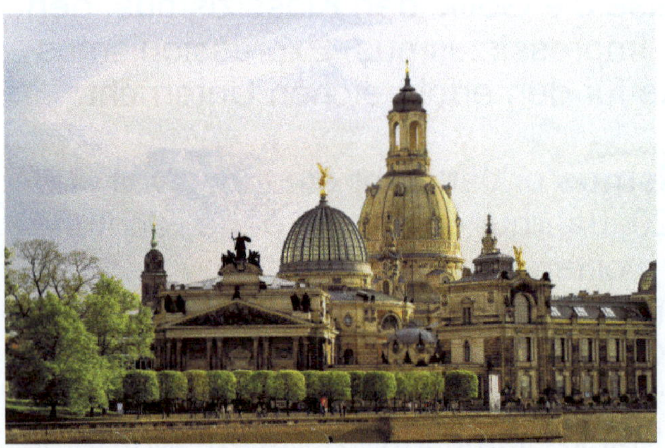

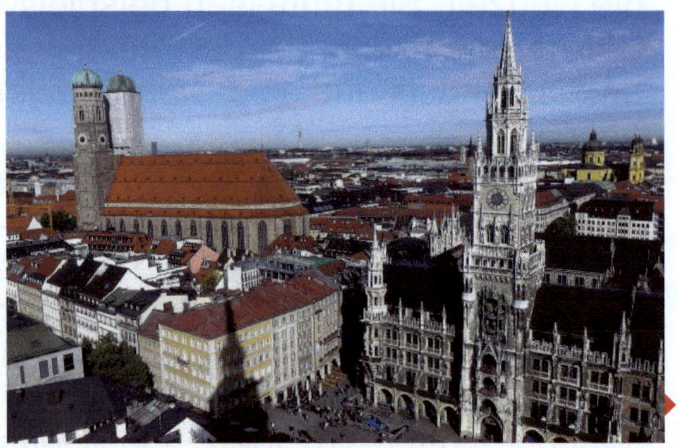

*Bedeutende Künstler fanden sich in Gruppen zusammen: die **Brücke** in Dresden (Foto links) und der **Blaue Reiter** in München (Foto rechts).*

Der Begriff **Expressionismus** wird von dem Wort **expressio** aus dem Lateinischen hergeleitet, das **Ausdruck** bedeutet. Der Galerist **Herwarth Walden** benutzte 1911 erstmalig öffentlich den Namen. Ursprünglich meinte er damit alle Kunstströmungen, die nicht realitätsgetreu abbildeten.
Expressionismus ist eine Kunstepoche, die etwa zu Beginn des 20. Jahrhunderts im deutschsprachigen Raum erstmals in der Malerei und der Grafik begann und sich auch bald in der Literatur und Musik zeigte. Er grenzte sich deutlich vom Impressionismus und anderen Richtungen ab.
Die ersten Bilder mit expressionistischen Ansätzen wurden bereits zwischen 1885 und 1900 als ablehnende Reaktion auf den noch sehr verbreiteten Impressionismus von beispielsweise **Vincent van Gogh**, **Paul Gauguin**, **Henri de Toulouse-Lautrec**, **James Ensor**, **Edvard Munch** und **Ferdinand Hodler** und auf die akademischen Regeln und Standards gemalt. Edvard Munch schuf 1893 sein berühmtestes Gemälde ***Der Schrei***.
Der Umgang mit Farbe und Form wurde freier. Der Inhalt wurde reduziert und unter Weglassung von Einzelheiten scheinbar vereinfacht. Teilweise wurden

Formelemente betont. Linien und Konturen wurden kräftiger. Es wurde abstrahierend vereinfacht und perspektivisch verzerrt gearbeitet. Die Künstler legten den Schwerpunkt nicht auf die wirklichkeitsgetreue Weitergabe von Eindrücken und schönen Formen. Sie gaben ihren Ausdruck mit ihren Gefühlen wieder und wählten gelegentlich eine wirklichkeitsfremde Farbgebung.

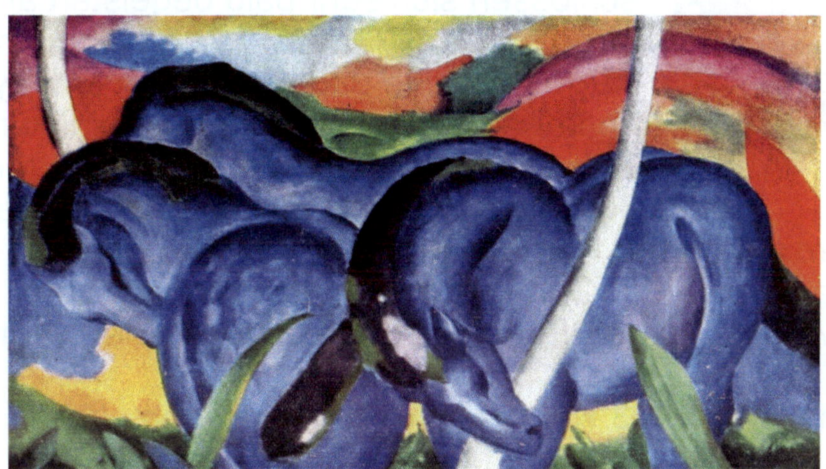

Franz Marc ***Die großen blauen Pferde*** *1911*

Das Gemälde ***Die großen blauen Pferde*** (Foto) von Franz Marc ist beispielhaft dafür.

Die Künstler machten den Menschen mit Not, Armut, Angst, Einsamkeit, Krankheit und Tod zum Thema. Auch stellten sie Porträts, Szenen des städtischen Lebens, Tiere, Landschaften und Gegenstände dar. Die Betrachter sollten gefühlsmäßig angesprochen und bewegt werden.

Neben Tuschzeichnungen, plakativer Malereien, Aquarellen, Linoleum- und Holzschnitten entstanden hauptsächlich Ölgemälde.

In Deutschland begann die Hauptzeit der expressionistischen Epoche, als sich Künstler im Jahre 1905 in Dresden zu der Gemeinschaft **Brücke** zusammenfanden. Zu den Gründungsmitgliedern gehörten **Ernst Ludwig Kirchner**, **Karl Schmitt-Rottluff**, **Erich Heckel** und **Fritz Bleyl**. Einige Zeit später kamen **Otto Mueller**, **Max Pechstein** und kurzzeitig **Emil Nolde** dazu. Sie lehnten konservative Kunstvorstellungen ab.

Ernst Ludwig Kirchner sagte 1906 zum Programm der Brücke: „Mit dem Glauben an Entwicklung an eine neue Generation der Schaffenden rufen wir alle Jugend zusammen und als Jugend, die die Zukunft trägt, wollen wir uns Arm- und Lebensfreiheit verschaffen gegenüber den wohlangesessenen älteren Kräften. Der gehört zu uns, der unmittelbar und unverfälscht das wiedergibt, was ihn zum Schaffen drängt."

Die Mitglieder betonten besonders Kontraste zwischen Farbflächen und Umrisslinien und Farben untereinander. Häufig kam die Farbe direkt auf die nicht grundierte Leinwand. Sie sollte Ausdruck von Gefühlen darstellen. Formen wurden auf das Wesentliche reduziert.

1967 wurde das **Brücke-Museum** in Berlin eröffnet. Es besitzt die weltweit wohl größte zusammenhängende Sammlung von Werken der Künstler der **Brücke.**

Keine andere Gruppe als der **Blaue Reiter** hatte einen so starken Einfluss auf die Entwicklung der modernen Kunst bis heute. Sie war aus der 1909 gegründeten **Neuen Künstlervereinigung München** hervorgegangen. Junge Künstler hatten sich mit dem Ziel zusammengefunden, anders malen zu wollen. Sie wollten ihre Empfindungen malerisch umsetzen.

Paul Klee sagte: „Nicht mehr das Sichtbare wiedergeben, sondern sichtbar machen."

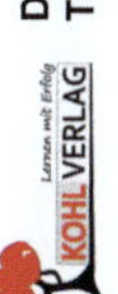

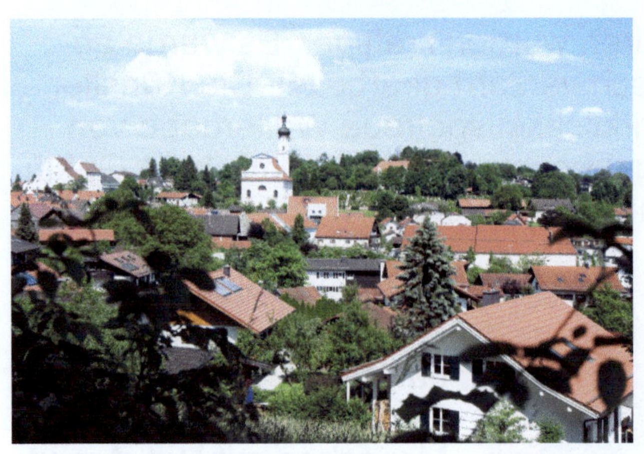

Es waren anfangs **Wassily Kandinsky**, **Franz Marc** und **Gabriele Münter**, die sich in dem kleinen Ort **Murnau** (Foto) zu ersten Gesprächen trafen. Viele andere bekannte Künstler aus Europa schlossen sich sehr bald begeistert an. Dazu zählten **Marianne von Werefkin**, **August Macke** und **Alexej Jawlensky**, später auch **Paul Klee**. Sie vereinigten sich 1911 in der Gruppe **Blauer Reiter**. Wassily Kandinsky erklärte später, wie er gemeinsam mit Franz Marc auf diesen Namen kam: „Den Namen **Blauer Reiter** erfanden wir am Kaffeetisch in der Gartenlaube ... (am Wohnsitz von Franz Marc). Beide liebten wir Blau, Marc Pferde, ich Reiter. So kam der Name von selbst."

Das Reitermotiv ist bereits in einem 1903 von Wassily Kandinsky gemalten Bild zu sehen. Es sollte jetzt symbolisch den Aufbruch und das Streben nach einer Kunst mit einem neuen Stil und Inhalt darstellen.

Kurze Zeit später zeigten Gruppenmitglieder Bilder in der Münchener Galerie **Thannhauser.** Franz Marc und Wassily Kandinsky gaben die Programmschrift **Der Blaue Reiter** mit aktuellen Beiträgen zur Kunst und auch zur Musik und Literatur heraus.

1912 fand eine zweite Ausstellung in der Münchener Kunsthandlung **Goltz** statt, an der auch Paul Klee teilnahm. Es folgten Wanderausstellungen in deutschen und europäischen Städten.

1914 brach der schreckliche 1. Weltkrieg aus. Die Künstler trennten sich. So musste Wassily Kandinsky nach Russland zurückkehren. Die russischen Bürger Alexej Jawlensky und Marianne von Werefkin verließen auch Deutschland. Franz Marc und August Macke starben im Krieg.

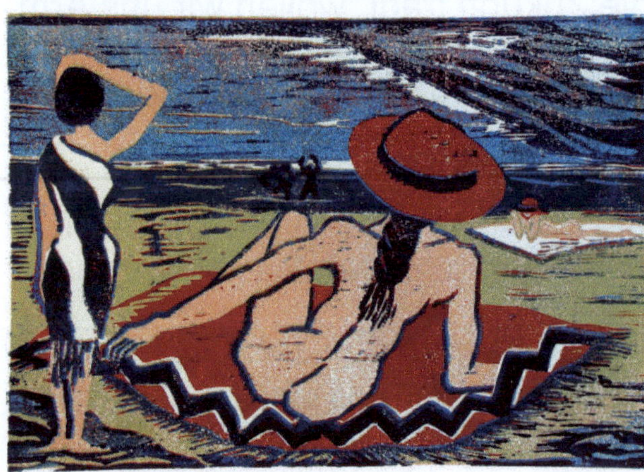

Ellen Fischer ***Dangast II*** *2000*

Das Ende des **Blauer Reiter**s war so besiegelt. Eine große Bildersammlung umfasst die **Städtische Galerie im Lenbachhaus** in München. Weitere Werke zeigt in Pasadena (USA) das **Norton Simon Museum**.

Der Expressionismus setzte sich aber fort. Es gibt viele Beispiele aus der Gegenwartskunst. Dazu zählen die beeindruckenden Holzdrucke von der Künstlerin **Ellen Fischer** aus Norddeutschland.

- Beschreibe die Ziele des Expressionismus.
- Gab es bereits expressionistische Ansätze in den Bildern von Vincent van Gogh, Paul Gauguin, Henri de Toulouse-Lautrec und Edvard Munch?
- Nenne die zwei bedeutsamen Künstlervereinigungen, ihr Entstehungsjahr, ihre Gründungsorte und einige ihrer Mitglieder.
- Erkläre den Namen **Blauer Reiter** und berichte von seinem Ende?

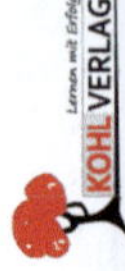

Franz Marc

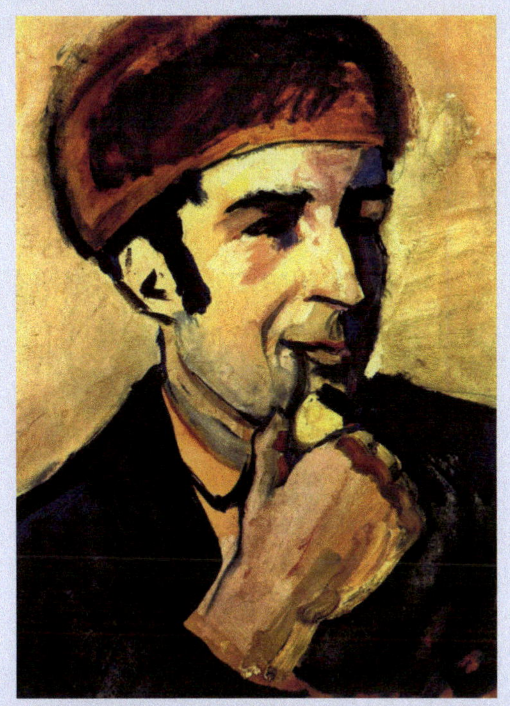

August Macke
***Porträt des Franz Marc** 1910*

*Franz Marc zählt zu den wichtigsten bedeutendsten Vertretern des Expressionismus. Er malte viele Bilder mit Tieren. Sie faszinierten ihn und er verehrte sie. Gemeinsam mit ein paar anderen Künstlern gründete er die berühmte Künstlervereinigung **Blauer Reiter**. Sein Schaffen war richtungsweisend für die moderne Kunst. Es wurde leider sofort mit dem Beginn des so schrecklichen 1. Weltkrieges beendet, denn er meldete sich freiwillig als Soldat und wurde 1916 getötet.*

Franz Marc wurde am 8. Februar 1880 als zweiter Sohn in München geboren. Seine Eltern waren der Maler **Wilhelm Marc** und die Erzieherin **Sophie Marc**. Er besuchte das **Luitpold-Gymnasium**, an dem auch **Albert Einstein**, einer seiner Mitschüler, war. Nach seinem Abitur 1899 studierte er Philologie an der **Universität München**.

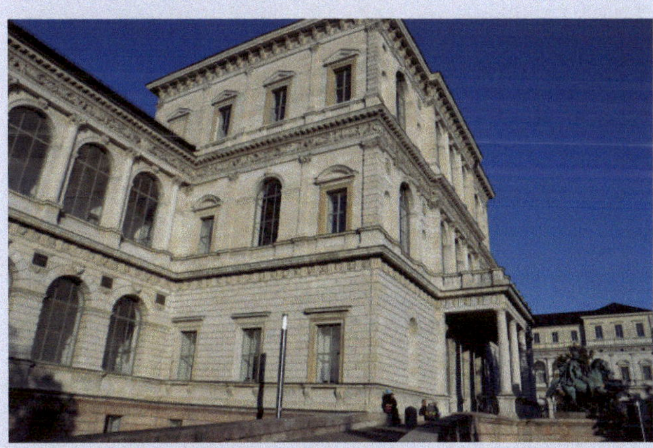

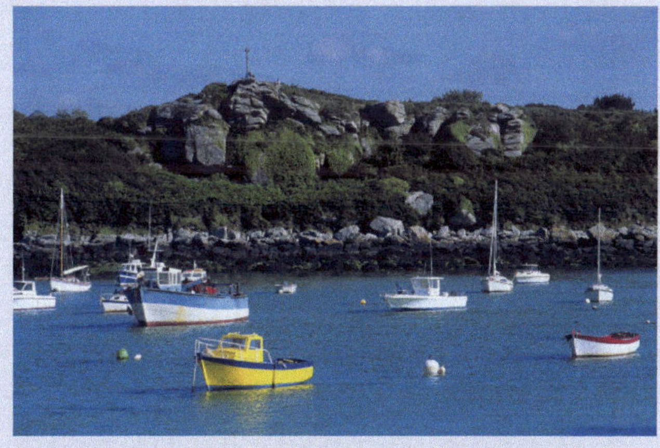

Während seiner Militärzeit entschied er gegen die Bedenken seiner Eltern, Künstler zu werden. Er studierte an der **Münchener Kunstakademie** (Foto links) ab 1900 die Grundlagen der Malerei bei **Wilhelm von Diez** und die Anatomie bei **Gabriel von Hackl**.
Sein vermögender Freund **Friedrich Lauer** lud ihn 1903 zu einer Reise nach Frankreich ein, in die Bretagne (Foto rechts) und schließlich in die internationale Kunstmetropole Paris. Hier kopierte er die Gemälde der alten Meister im **Louvre**, lernte die Arbeiten der impressionistischen Künstler kennen und zeichnete in den Straßen. Eine Studienreise nach Griechenland folgte. Manchmal hatte er Depressionen und Zweifel an seinem künstlerischen Tun.

Die Kunstepoche EXPRESSIONISMUS
Theorie & Praxis kompakt und leicht verständlich – Bestell-Nr. 12 356

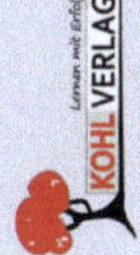

Schließlich kehrte er nach München zurück und beendete sein Kunststudium.
Nach einer Beziehung mit der Studentin **Maria Franck** heiratete er 1907 **Marie Schnür**, die einen unehelichen Sohn hatte und der er wirtschaftlich helfen wollte. Beide Frauen stellte er in dem Bild ***Zwei Frauen am Berg*** (1906) dar. Später trennte er sich von Marie, um mit Maria Franck zusammenzuleben und sie dann zu heiraten.

Er reiste ein weiteres Mal nach Paris, wo ihn die Arbeiten **Vincent van Goghs** und **Paul Gauguins** begeisterten. Beeinflusst dadurch malte er seine Bilder zunehmend hellfarbiger.

Franz Marc stellte 1910 zum ersten Mal in München aus und wurde Mitglied in der **Neuen Künstlervereinigung.**

Er lernte **Wassily Kandinsky**, **Alexej von Jawlensky**, **Gabriele Münter** und **August Macke** kennen, mit dem er lebenslänglich eng befreundet war. Beide stellten gemeinsam aus.

1910 hatte Franz Marc seine erste Einzelausstellung in der **Kunsthandlung Brakl**, die 31 Gemälde sowie Gouachen und Lithografien umfasste.

Als bei der dritten Ausstellung der Künstlervereinigung durch die Jury ein Bild Wassily Kandinskys abgelehnt wurde, verließ er sie aus Protest.

Mit ihm gründete er daraufhin 1911 die Gruppe **Blauer Reiter**. Der Name wurde gewählt, weil beide die Farbe Blau mochten und Franz Marc Pferde liebte.

Sie organisierten im gleichen Jahr eine sehr erfolgreiche Ausstellung. Eine ähnliche Grafikausstellung schloss sich ein paar Monate später an.

In vielen Städten waren die Bilder der beiden und anderer Künstler zu sehen, zu denen beispielsweise **Pablo Picasso**, **Georges Braque** und **Kasimir Malewitsch** gehörten.

Die zweite Ausstellung des **Blauen Reiters** folgte 1912 in der Münchner Buch- und Kunsthandlung **Goltz**. Sie hatte den Titel **Schwarz-Weiß** und zeigte druckgrafische Blätter und Zeichnungen, zum Beispiel von **Paul Klee**.

Ein weiterer Höhepunkt war das Erscheinen des Almanach **Der Blaue Reiter**, einem einmaligen Jahresbuch mit Beiträgen und Illustrationen von führenden modernen Künstlern aus Europa und Werken der ägyptischen, etruskischen und antiken Kunst und Kinderzeichnungen.

Franz Marc setzte sich mit impressionistischen Einflüssen, dem Symbolismus, Expressionismus und Kubismus auseinander und entwickelte sich zunehmend weiter. Sein Stil wurde abstrakter. Er arbeitete mit reinen und starken Farbkontrasten und Formzersplitterungen. Hauptthema wurde das Tier. Dazu erklärte er, dass er die **Reinheit des Tieres** mochte. Materialismus lehnte er ab und suchte das Ursprüngliche und die Naturnähe.

1912 lernte er die Künstler der Vereinigung **Brücke** kennen.

Im gleichen Jahr besuchte er mit August Macke in Paris **Robert Delaunay** in seinem Atelier. Seine Arbeiten begeisterten ihn, weil sie eine starke farbige Überblendung und durchsichtige Flächen hatten.

1913 war Franz Marc an der Ausstellungsorganisation des ersten **Deutschen Herbstsalons** in Berlin beteiligt. Mit ihm zeigten 90 Künstler aus Frankreich, Deutschland, Russland, den Niederlanden, Italien, Österreich, der Schweiz und den USA ihre Werke. Er zeigte sieben Gemälde, darunter das Gemälde

Die Kunstepoche EXPRESSIONISMUS
Theorie & Praxis kompakt und leicht verständlich – Bestell-Nr. 12 356

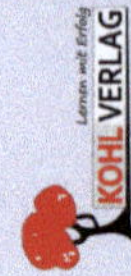

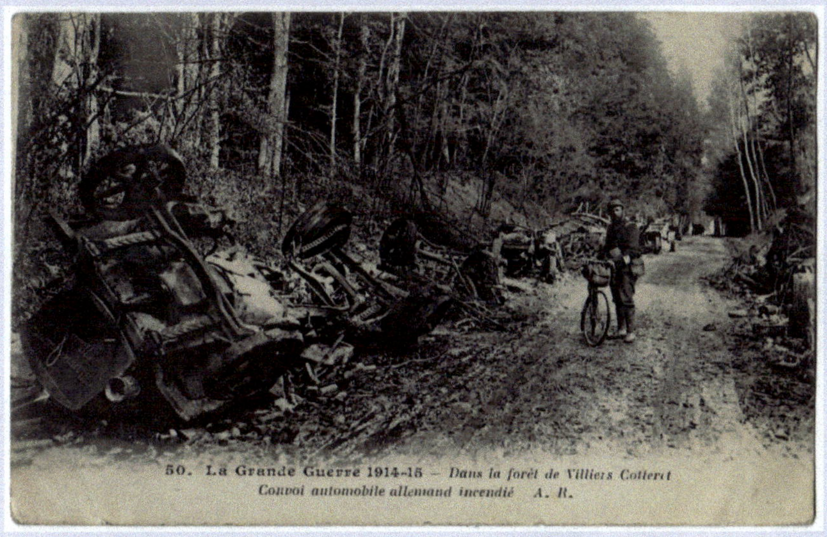

von 1913, ***Der Turm der blauen Pferde***.
1914 zog er nach **Ried** bei Benediktbeuren. Hier schuf er seine letzten Bilder, zum Beispiel ***Rehe im Walde II***. Im gleichen Jahr begann der unsinnige vierjährige 1. Weltkrieg (Foto). Leider meldete er sich wie auch andere Künstler sofort freiwillig zum Einsatz. Viele Briefe schrieb er an seine Frau, die 1920 veröffentlicht wurden.
Am 4.März 1916 wurde er an der französischen Westfront nahe der Stadt **Verdun** bei einem Erkundungsgang von einem Granatdoppelschuss getroffen und starb.
1917 wurde er in **Kochel am See** bestattet.

Zwei Frauen am Berg *1906*
Blaues Pferd *1911*
Die großen blauen Pferde *1911*
Kühe - rot, grün, gelb *1912*
Kater auf gelbem Kissen *1912*
Der Turm der blauen Pferde *1913*
Rehe im Wald II *1914*

- Beschreibe Franz Marcs Leben bis zum Ende seines Kunststudiums.
- Wo malte er gerne im Freien?
- Begründe, warum er die Neue Künstlervereinigung verließ.
- Nenne Kunstrichtungen, mit denen er sich auseinandersetzte.
- Wie hieß sein bekanntes Pferdebild, das er auf der Ausstellung des ersten Deutschen Herbstsalons zeigte?
- Benenne und suche den Ort im Atlas, wo er seine letzten Bilder schuf.
- Wann, wo und wie endete sein Leben?

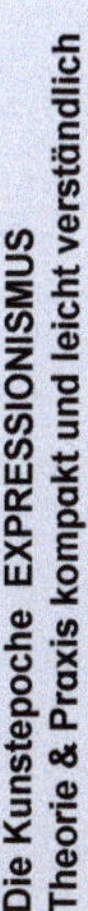

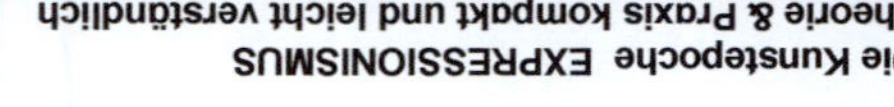

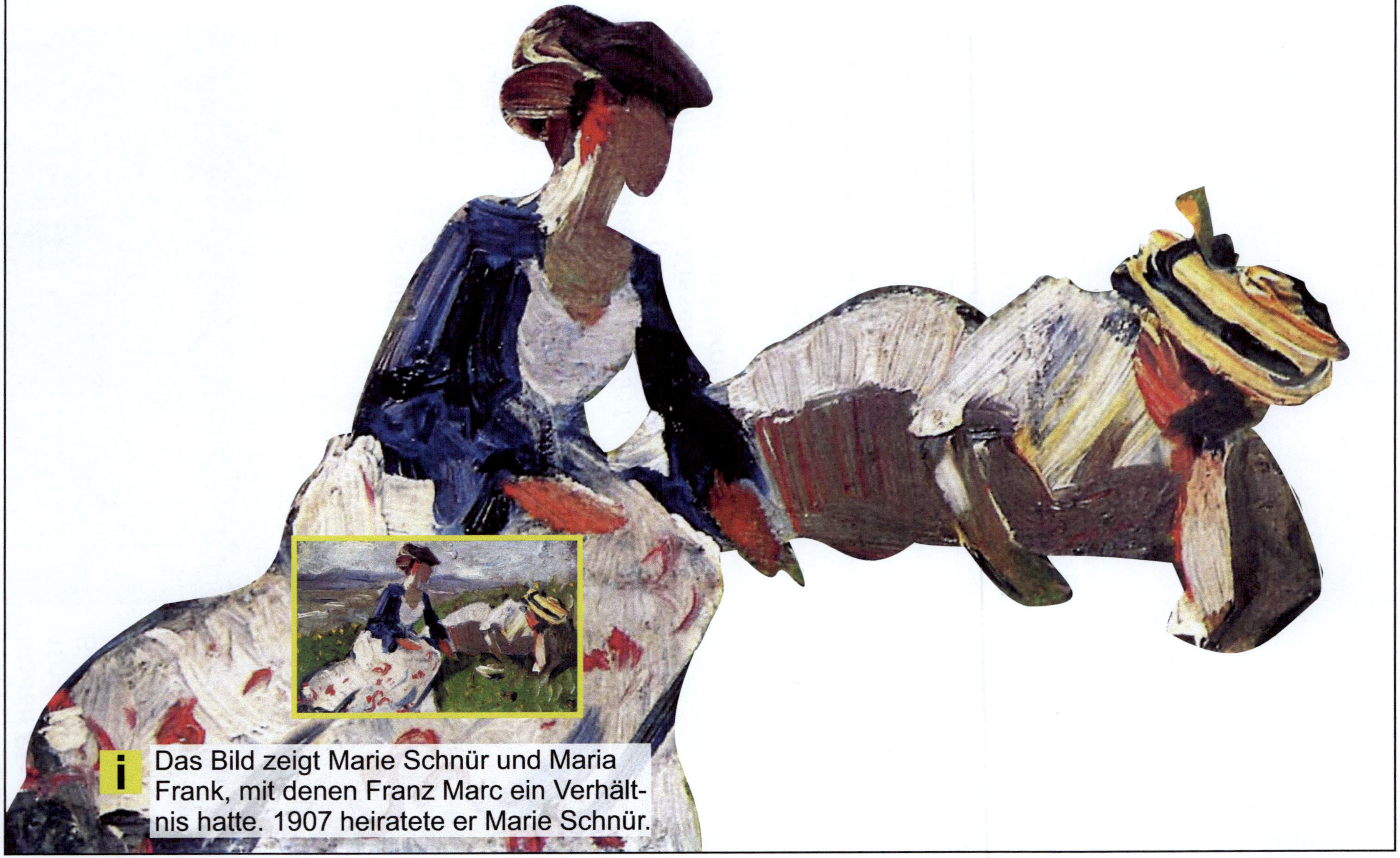

Das Bild zeigt Marie Schnür und Maria Frank, mit denen Franz Marc ein Verhältnis hatte. 1907 heiratete er Marie Schnür.

Schaue dir das Bild ***Zwei Frauen am Berg*** (1906) genau an und male den Hintergrund des Bildes mit Einzelheiten realistisch und farbig.

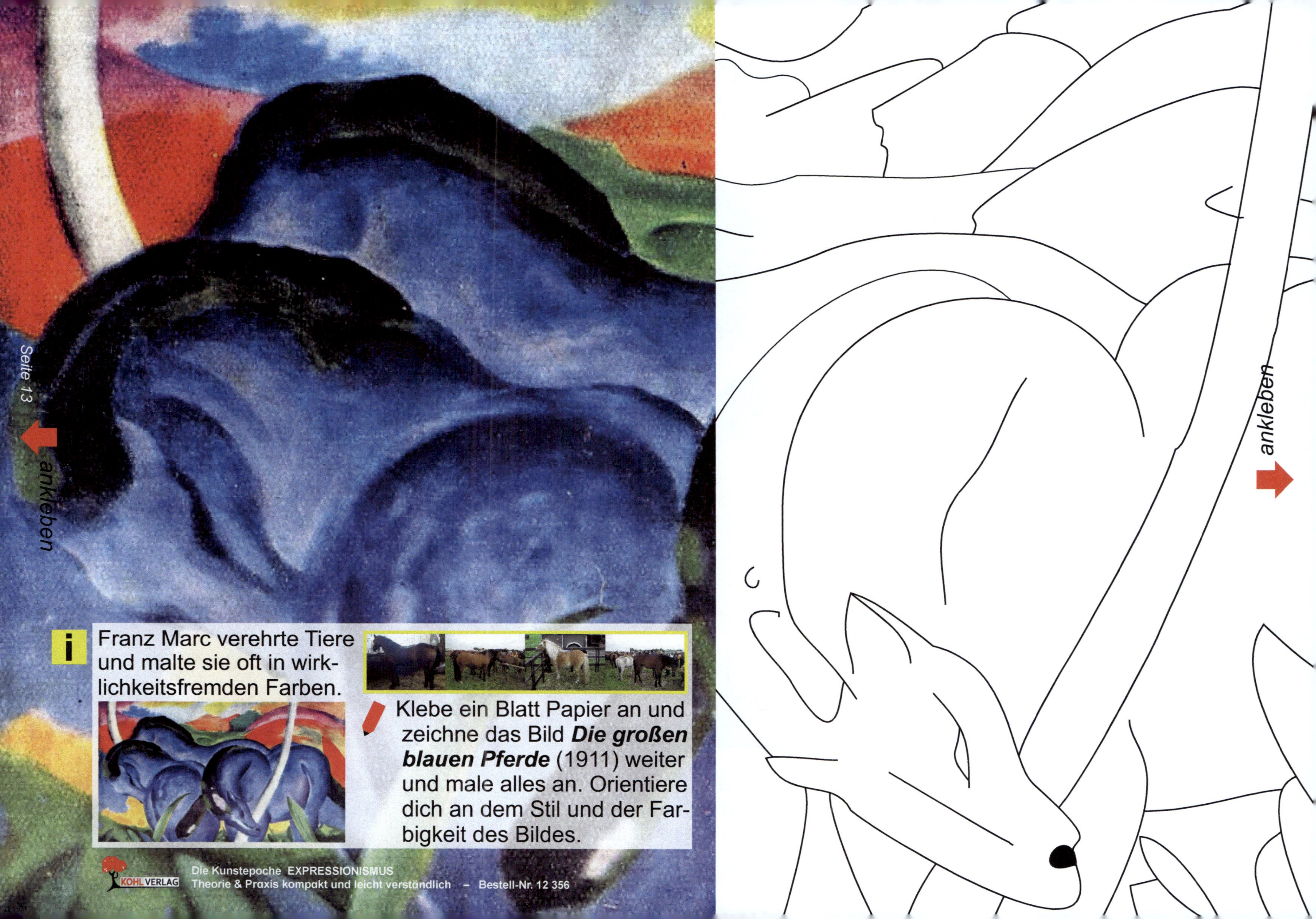

Franz Marc verehrte Tiere und malte sie oft in wirklichkeitsfremden Farben.

Klebe ein Blatt Papier an und zeichne das Bild ***Die großen blauen Pferde*** (1911) weiter und male alles an. Orientiere dich an dem Stil und der Farbigkeit des Bildes.

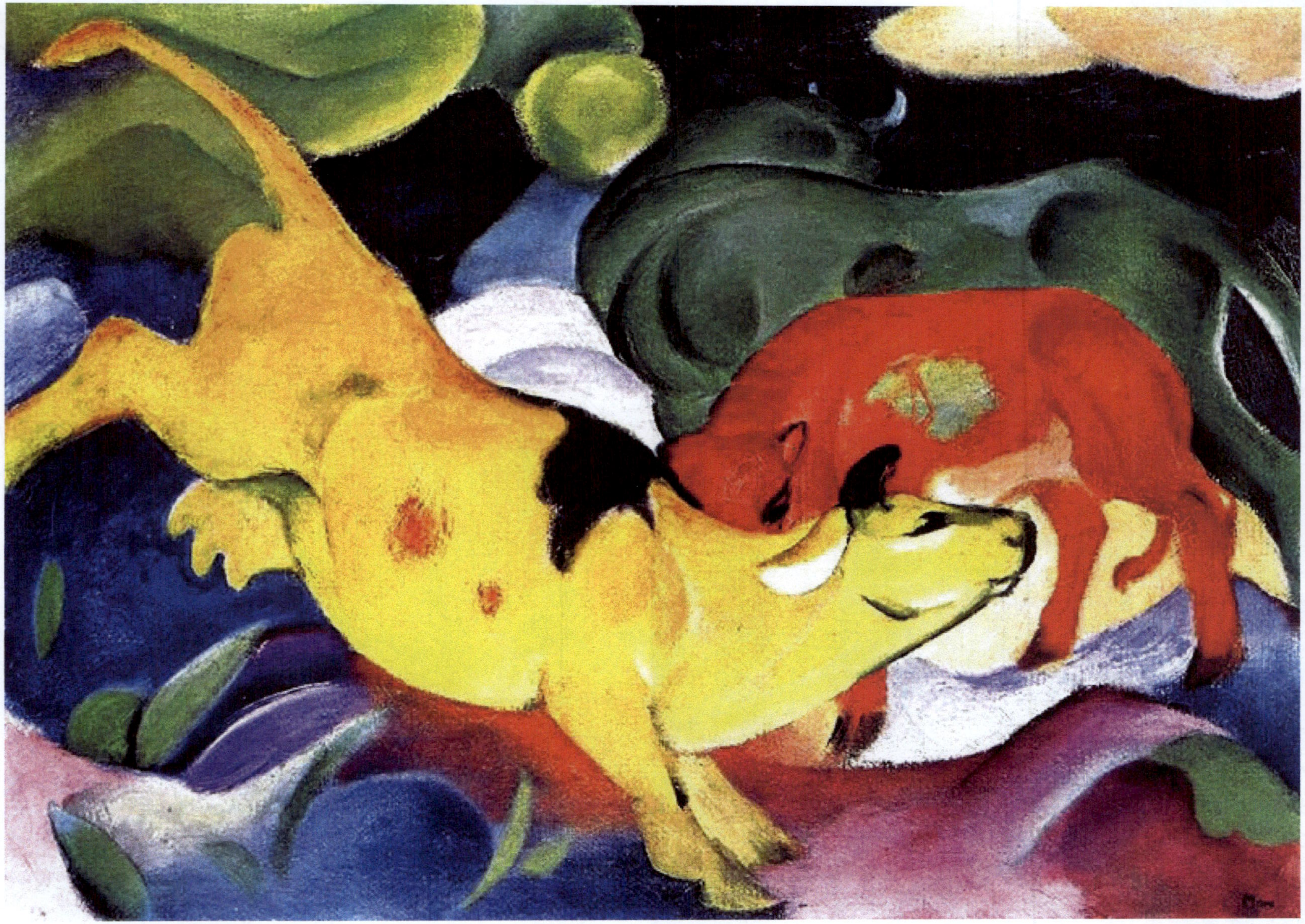

Franz Marc
Kühe - rot, grün, gelb
1911

i Du siehst hier eines der bekanntesten Tierbilder des Künstlers. Es ist mit Öl auf Leinwand gemalt und zeigt eine springende gelbe Kuh vor einer roten und grünen Kuh und einer bunten, strukturierten Landschaft. Das Bild ist im **Solomon R. Guggenheim Museum** in New York ausgestellt.

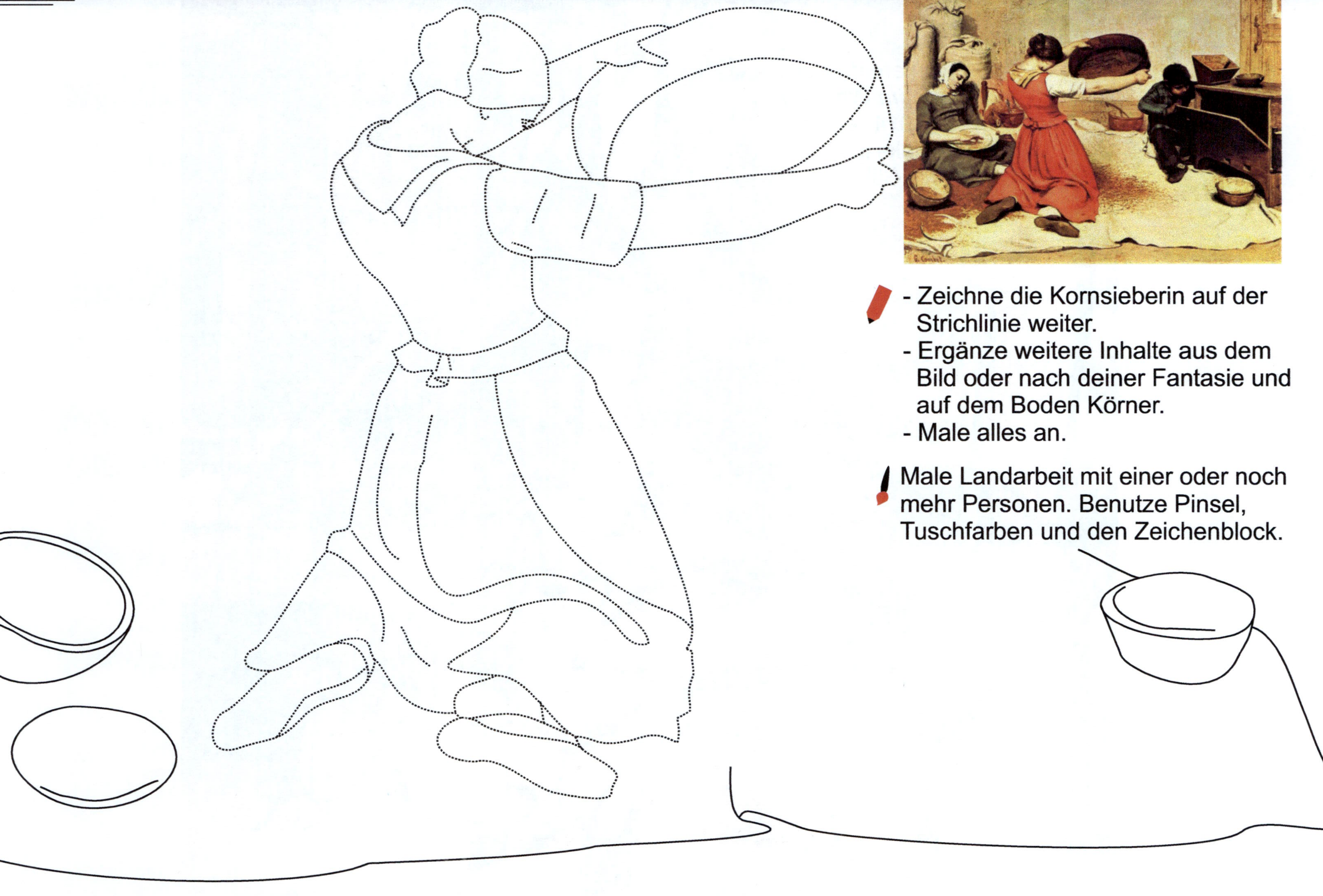

- Zeichne die Kornsieberin auf der Strichlinie weiter.
- Ergänze weitere Inhalte aus dem Bild oder nach deiner Fantasie und auf dem Boden Körner.
- Male alles an.

Male Landarbeit mit einer oder noch mehr Personen. Benutze Pinsel, Tuschfarben und den Zeichenblock.

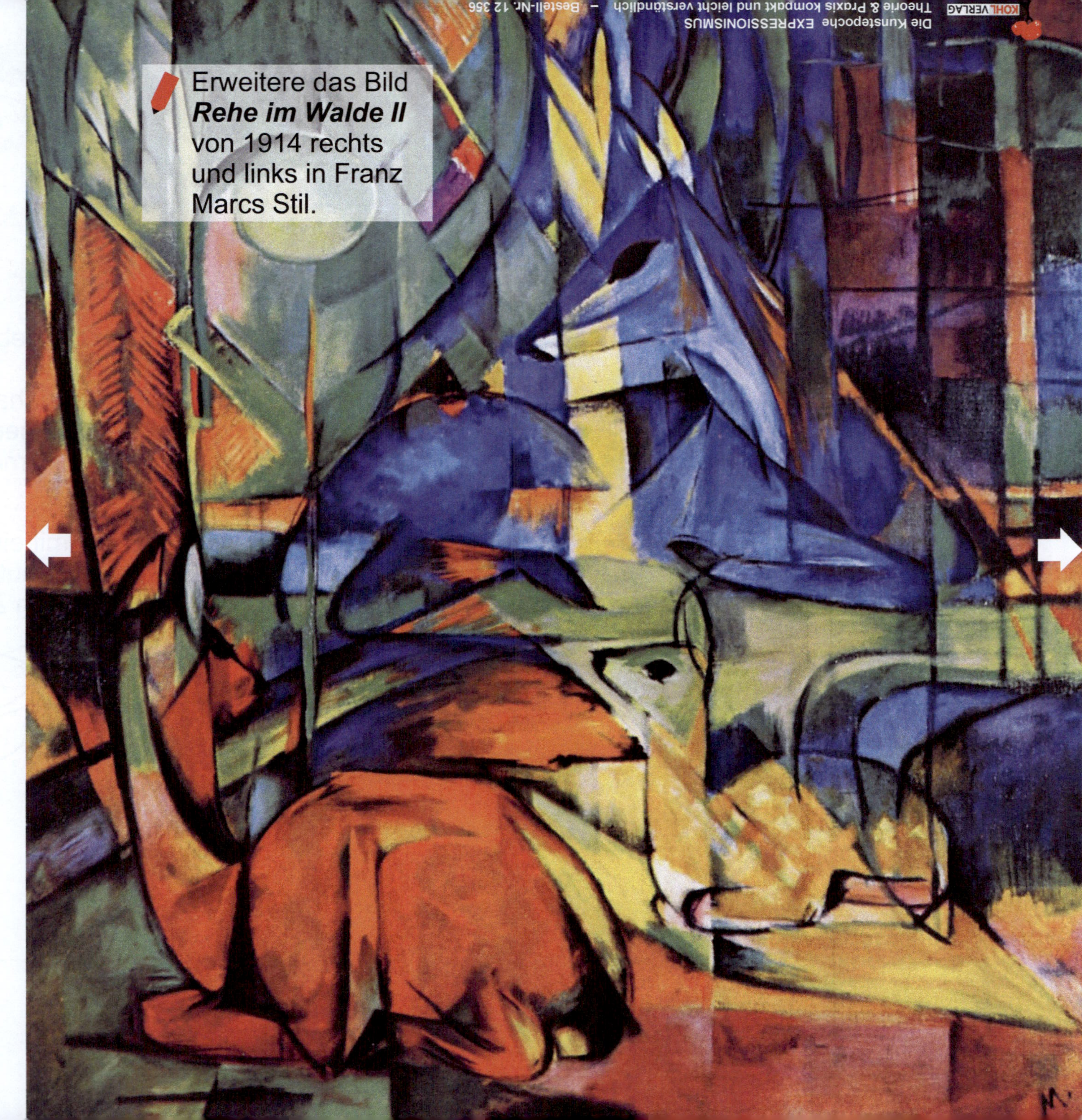
Erweitere das Bild
Rehe im Walde II
von 1914 rechts
und links in Franz
Marcs Stil.
Die Kunstepoche EXPRESSIONISMUS
Theorie & Praxis kompakt und leicht verständlich – Bestell-Nr. 12 356
KOHL VERLAG

August Macke

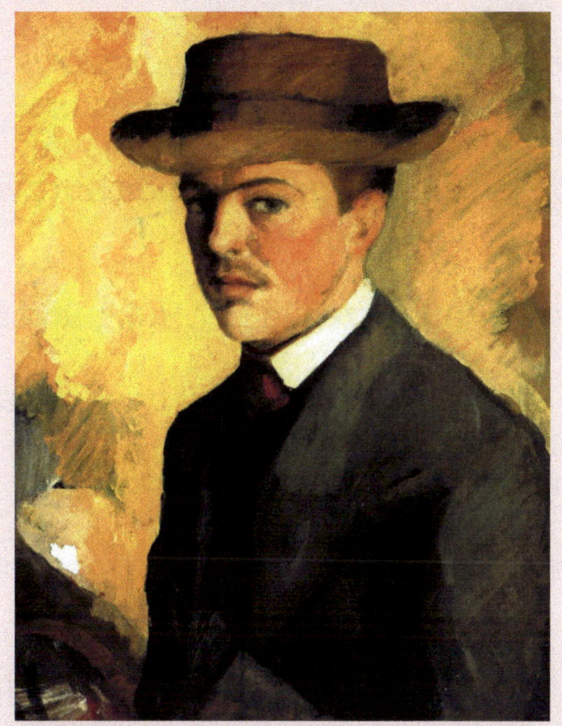

August Macke ***Selbstporträt mit Hut*** *1909*

August Macke fiel bereits in der Schulzeit den Lehrkräften durch seine geniale zeichnerische und und malerische Fähigkeit auf. Er lernte in Paris von den impressionistischen Künstlern, setzte sich mit vielen Kunststilen auseinander und lernte bei ***Lovis Corinth****, bis er zum Expressionismus fand. Er war Mitbegründer der berühmten Vereinigung* ***Blauer Reiter****. Nach Tunesien reiste er, um viele Fotos und Bilder anzufertigen. Leider starb er früh im 1.Weltkrieg.*

August Macke, der die weiteren Vornamen **Robert Ludwig** hatte, wurde am 3. Januar 1881 in Meschede im Hochsauerland (Foto links) als letztes Kind geboren. Seine Eltern waren **August Friedrich Macke**, der als Bauunternehmer arbeitete und in der Freizeit zeichnete, und **Maria Florentine Macke**, die aus einer bäuerlichen Familie stammte.

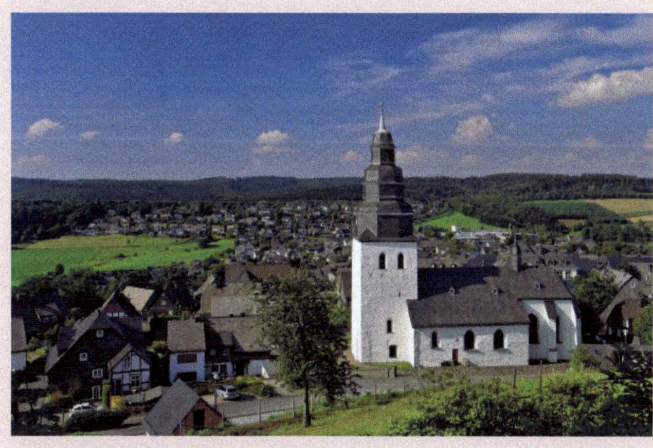

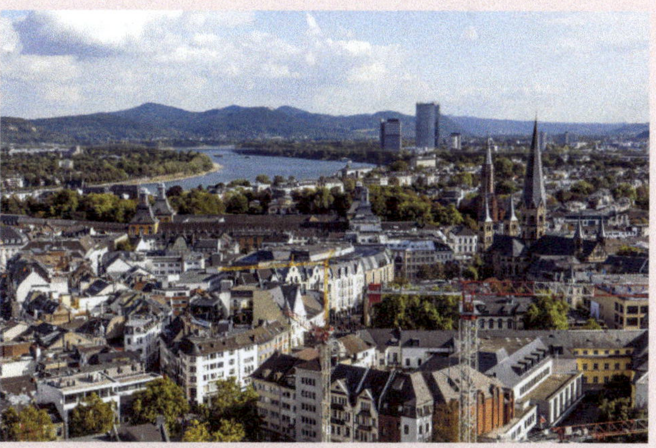

Ein Jahr später zog seine Familie mit ihm nach Köln, wo er später dann das **Kreuzgymnasium** besuchte. 1900 wurde nach Bonn (Foto rechts) übergesiedelt. Dort war er amGymnasium kein guter Schüler. Nur Zeichnen und Malen interessierten ihn.

1903 lernte er seine spätere Frau **Elisabeth Gerhardt** kennen, die Tochter eines wohlhabenden Bonner Fabrikanten. Sie wurde sein Modell, das er etwa 200 Mal porträtierte. Ihr Onkel, ein Unternehmer, Kunstsammler und Mäzen unterstützte beide.

1904 verließ August Macke gegen den Willen seines Vaters die Schule, um an der **Kunstakademie Düsseldorf** zu studieren. Aber bald zeigte er sich von

Die Kunstepoche EXPRESSIONISMUS
Theorie & Praxis kompakt und leicht verständlich – Bestell-Nr. 12 356
KOHL VERLAG

der Ausbildung enttäuscht, denn es wurde nur nach Gipsabgüssen gemalt. Er besuchte Abendkurse an der **Düsseldorfer Kunstgewerbeschule**.
Reisen nach Holland, Belgien und England und eine Tätigkeit als Bühnenbildner und Kostümentwerfer folgten.
Auf einer Reise nach Paris 1907 war er von den Werken der Impressionisten so sehr beeindruckt, dass er bei **Lovis Corinth** in Berlin diese Kunstkurse besuchte. Corinth arbeitete erst später mit expressionistischen Elementen.
1909 heiratete er **Elisabeth**. Sie war durch ihn schwanger. Nach einem zweiten Parisaufenthalt nahm das Paar seinen Wohnsitz am Tegernsee (Foto links).
Hier wurde ihr Sohn **Walter Carl** geboren.
Für August Macke begann eine produktive Schaffenszeit in der Ruhe und Abgeschiedenheit.
1910 lernte er den sieben Jahre älteren Franz Marc kennen, mit dem er bald eng befreundet war und sich immer wieder austauschte.
Im gleichen Jahr kehrte er mit seiner Familie nach Bonn zurück, wo mehr als 330 Gemälde entstanden.
1911 beteiligte er sich an der Herausgabe einer Publikation, dem Almanach **Der Blaue Reiter**.
Mit der Künstlervereinigung **Blauer Reiter** führte er Ausstellungen durch.
In der ersten Ausstellung 1911 und 1912, die zunächst in München, dann in Köln, Berlin, Hagen und Frankfurt gezeigt wurde, war er mit nur drei Bildern vertreten, wodurch er sich benachteiligt fühlte.
Nach Zerwürfnissen mit Mitgliedern des Blauen Reiters folgten mehrere Einzelausstellungen. Die ersten Verkaufserfolge stellten sich ein.
Auf einer weiteren Parisreise mit dem Ehepaar Marc setzte er sich mit den Arbeiten von **Henri Matisse**, **Robert Delaunay** und **Pablo Picasso** intensiv auseinander

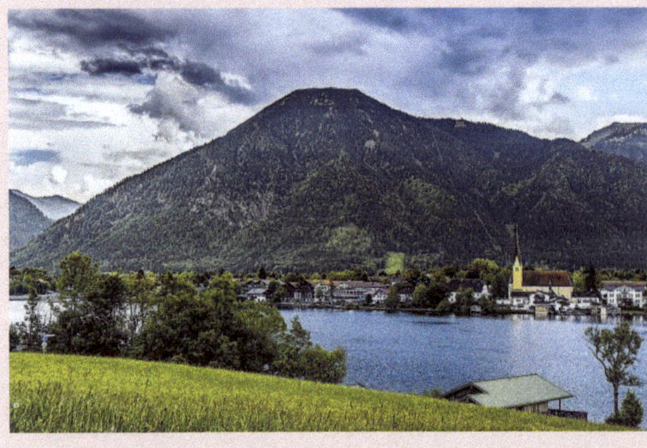

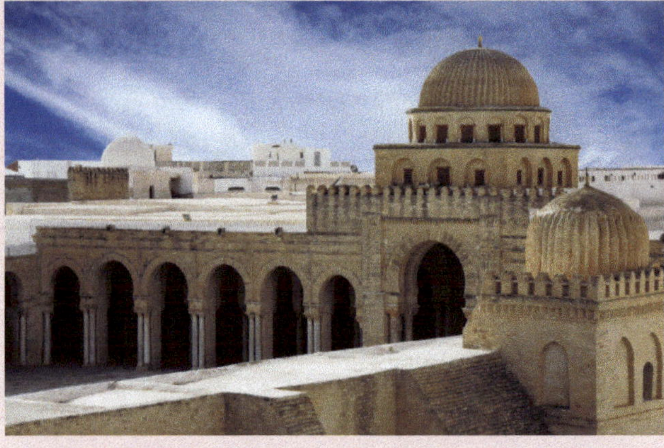

Um sich in Ruhe besser auf sein eigenes Schaffen konzentrieren zu können, zog er mit seiner Familie 1913 nach **Hilterfingen** am **Thuner See** (Foto links).
Hier entstanden die wichtigsten Bilder seines Schaffens, zum Beispiel ***Garten am Thuner See***.
Mittlerweile war auch sein zweiter Sohn **Wolfgang** geboren.
In unmittelbarer Nähe wohnte der Maler **Louis Moilliet**, dem er bereits 1909 in der Schweiz begegnet war. Auch **Paul Klee** lebte nicht weit entfernt.
1914 unternahmen die drei Künstler auf Betreiben Paul Klees eine vierzehntägige Reise nach Tunesien (Foto rechts). Die drei Künstler wollten sich so

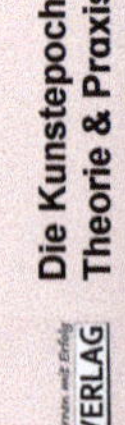

gegenseitig bei ihrer Arbeit anregen. Sie skizzierten und malten unermüdlich in beispielsweise **Tunis**, **Hammamet**, **Karthago** und **Kairouan**.
August Macke schuf zahlreiche Zeichnungen, Aquarelle und auch Fotos. Die Bilder ***Blick in eine Gasse*** (1914) und ***Markt in Algier*** (1914) entstanden.
In Hilterfingen wieder zurückgekehrt, war sein Eifer so groß, dass er an mehreren Leinwänden gleichzeitig malte.
Wenig später verließ er die Schweiz mit seiner Familie und zog nach Bonn zurück.

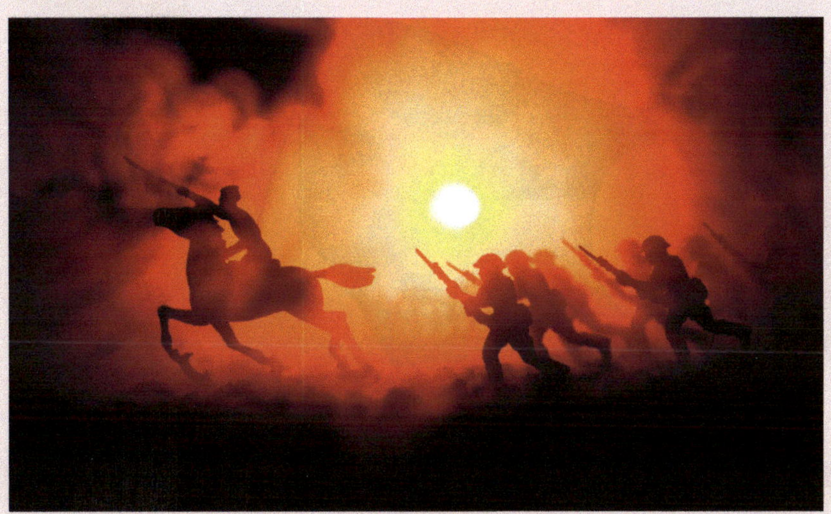

Leider nahm er als Soldat am 1. Weltkrieg teil.
Am 8. August 1914 musste er nach Frankreich einmarschieren. Seine Briefe berichten von den brutalen Schrecken und Grausamkeiten des Krieges.
Nur wenige Wochen später, am 26. September 1914, wurde er in der Champagne bei **Perthes-lès-Hurlus** bei einem Angriff tödlich verwundet. Er war erst 27 Jahre alt.
August Macke wurde auf dem Soldatenfriedhof von **Souain** in einem Sammelgrab bestattet.

Stillleben: Hyazinthenteppich *1910*
Walterchens Spielsachen *1912*
Modefenster *1913*
Vor dem Hutladen *1913*
Garten am Thuner See *1913*
Mädchen im Grünen *1914*
Blick in eine Gasse *1914*
Markt in Algier *1914*
Helles Haus *1914*

- Berichte, was August Macke an der Schule nur interessierte.
- Nenne Stationen seiner Reisen.
- Nenne Orte, in denen er wohnte.
- Wie heißen seine Frau und seine Söhne?
- Berichte von seiner Tunesienreise.
- Wie endete sein Leben?

Die Kunstepoche EXPRESSIONISMUS
Theorie & Praxis kompakt und leicht verständlich - Bestell-Nr. 12 356

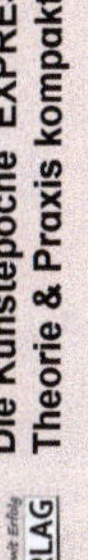

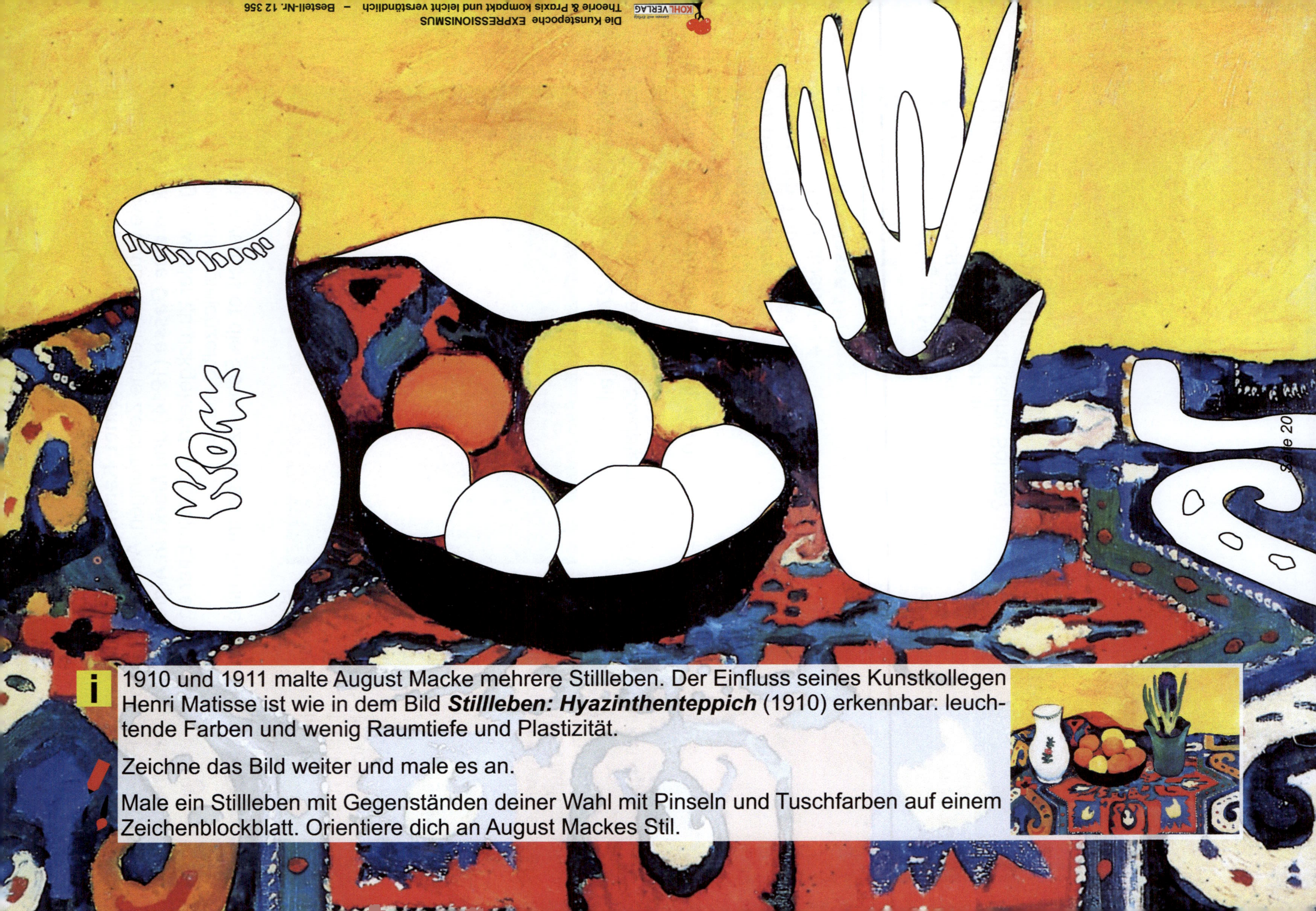

1910 und 1911 malte August Macke mehrere Stillleben. Der Einfluss seines Kunstkollegen Henri Matisse ist wie in dem Bild ***Stillleben: Hyazinthenteppich*** (1910) erkennbar: leuchtende Farben und wenig Raumtiefe und Plastizität.

Zeichne das Bild weiter und male es an.

Male ein Stillleben mit Gegenständen deiner Wahl mit Pinseln und Tuschfarben auf einem Zeichenblockblatt. Orientiere dich an August Mackes Stil.

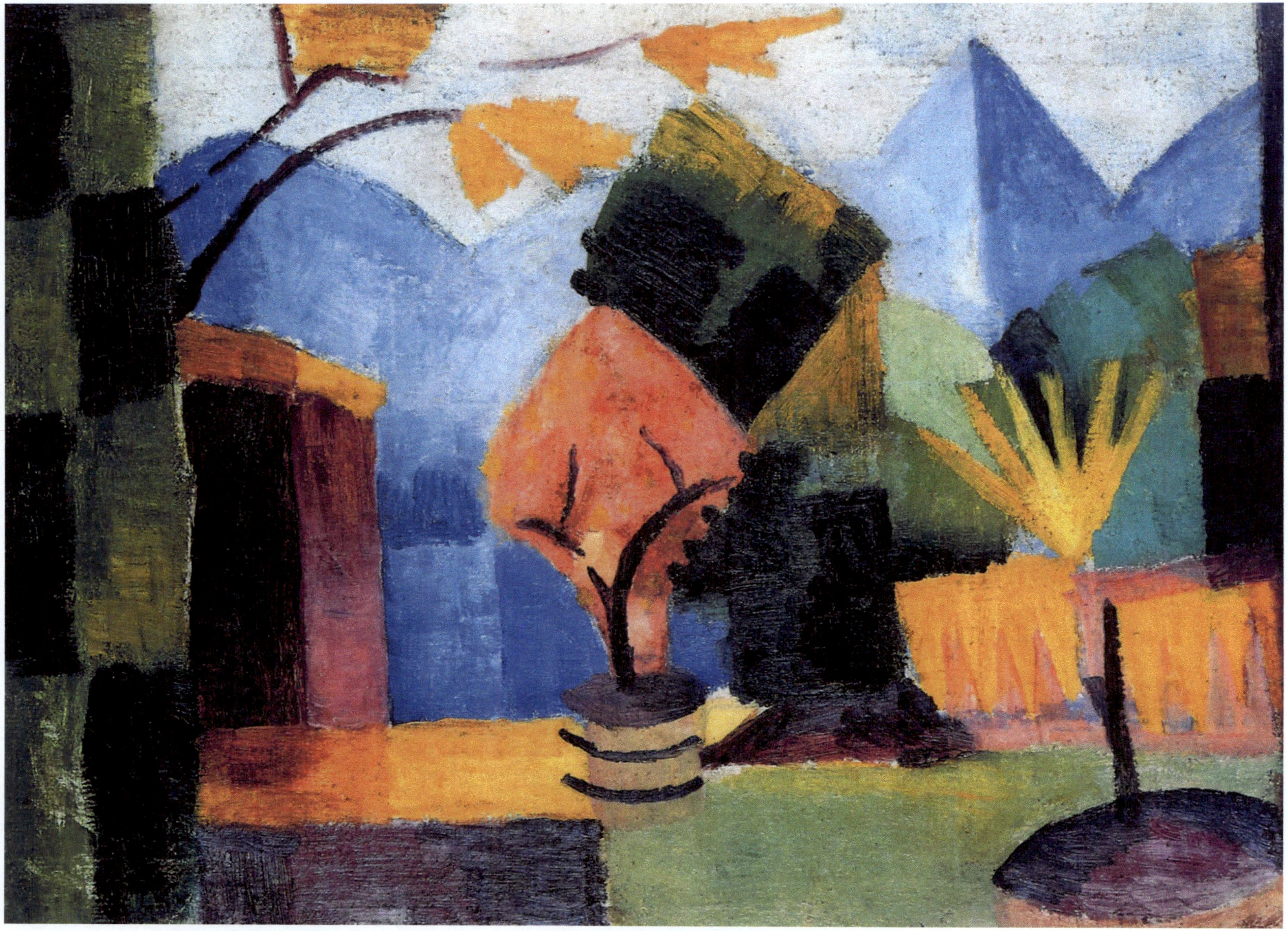

i August Macke zog 1913 nach Hilterfingen am Thuner See in der Schweiz. Hier stellte er die schöne Landschaft im gleichen Jahr in dem Bild ***Garten am Thuner See*** dar.

Schaue dir das Bild genau an und beschreibe den Inhalt, den Stil und die Farbigkeit.

Male fantasievoll in deinem expressionistischen Stil ein Bild zu dem gleichen Thema. Benutze Pinsel, Tuschfarben und ein großes Zeichenblockblatt.

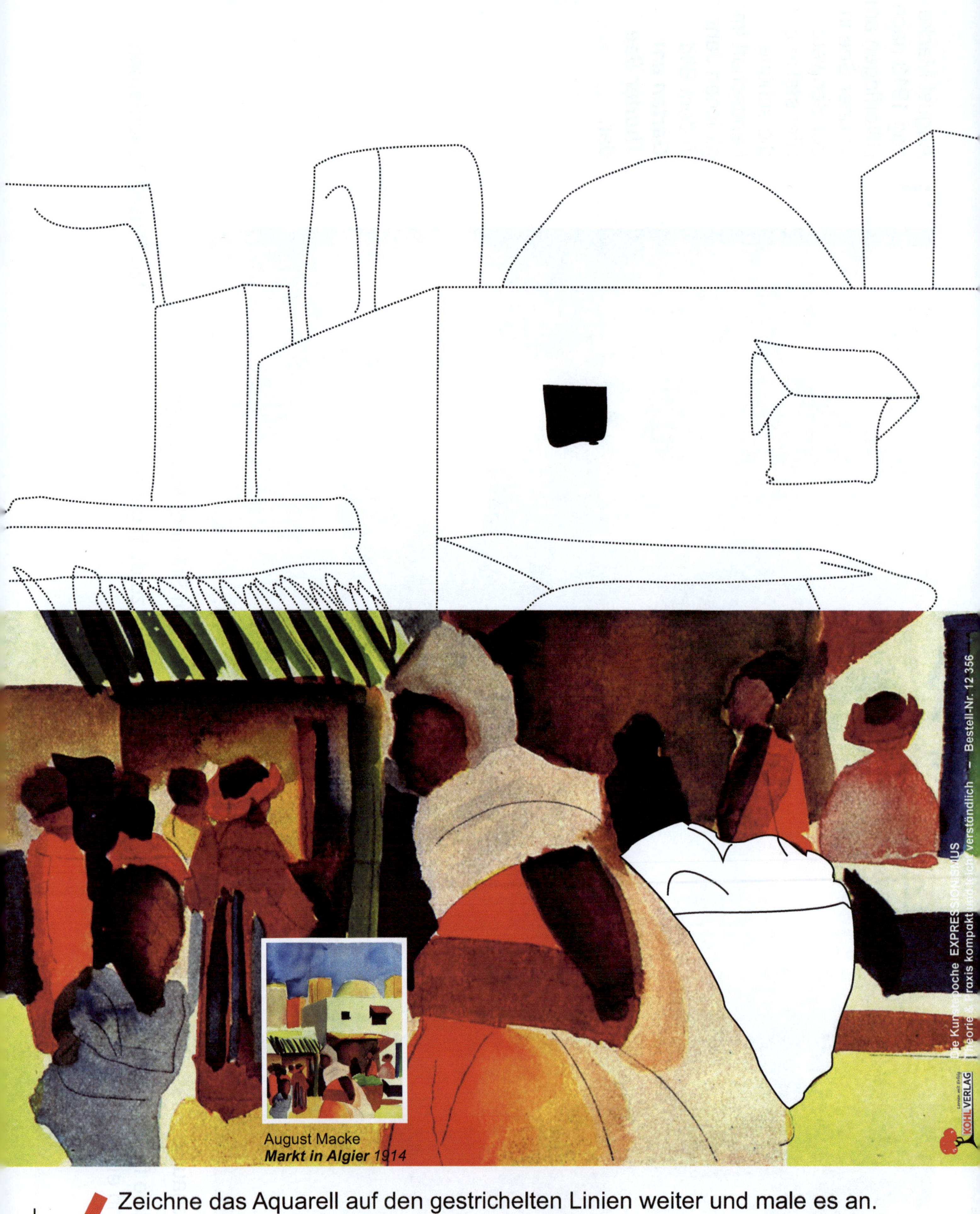

August Macke
Markt in Algier *1914*

Die Kunstepoche EXPRESSIONISMUS
Theorie & Praxis kompakt und leicht verständlich – Bestell-Nr. 12 356
KOHL VERLAG

Zeichne das Aquarell auf den gestrichelten Linien weiter und male es an.

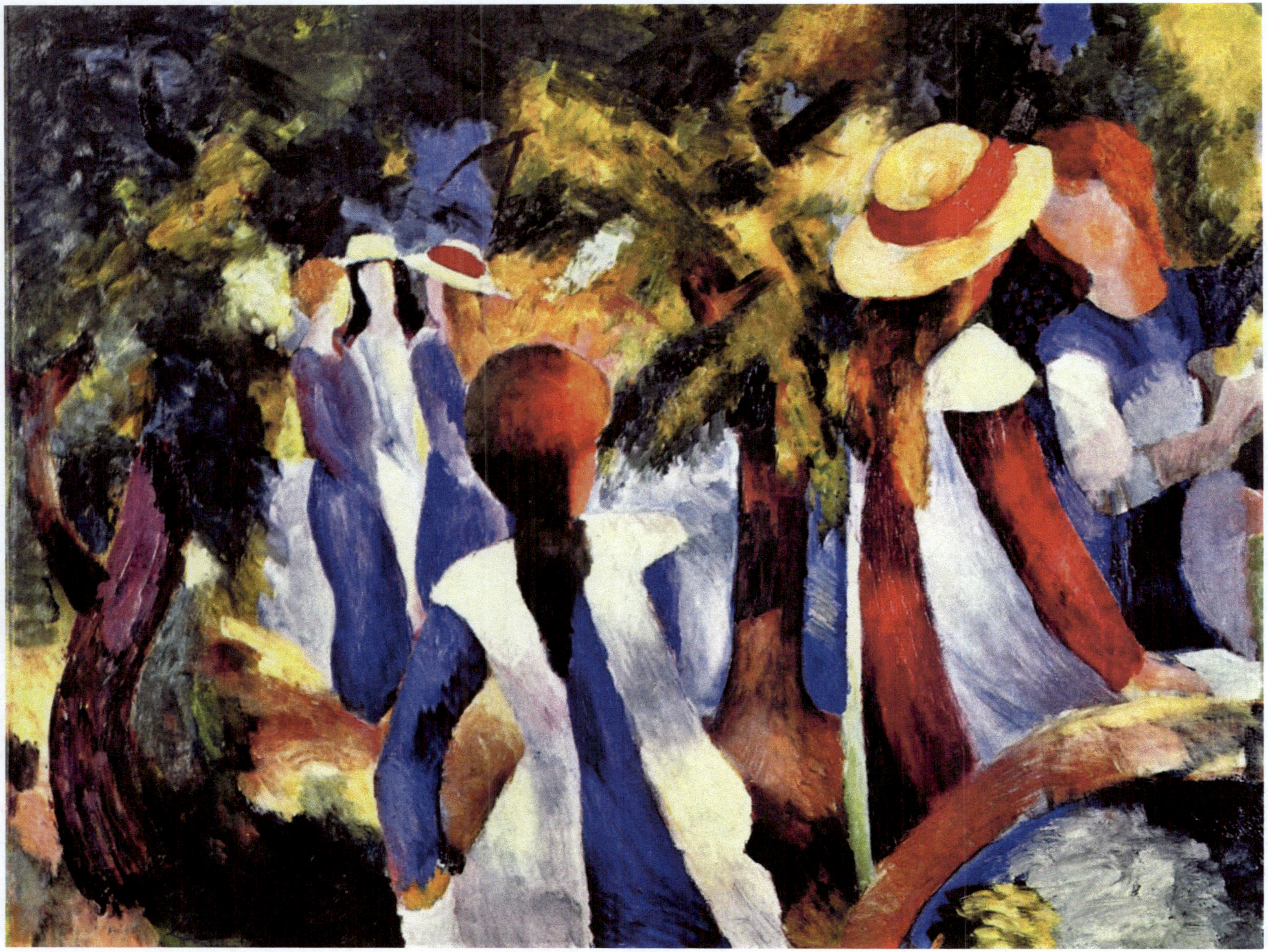

August Macke
Mädchen im Grünen *1914*

Das Gemälde hat trotz der vorherrschenden Blau- und Gelbtöne eine vielfältige Farbgebung. Sie ist wohl auf den Einfluss **Robert Delaunays** zurückzuführen. Durch die Verteilung der zwei Dreiergruppen im Bild entsteht ein Eindruck von Raumtiefe. Bewusst sind hier Einzelheiten nicht dargestellt.

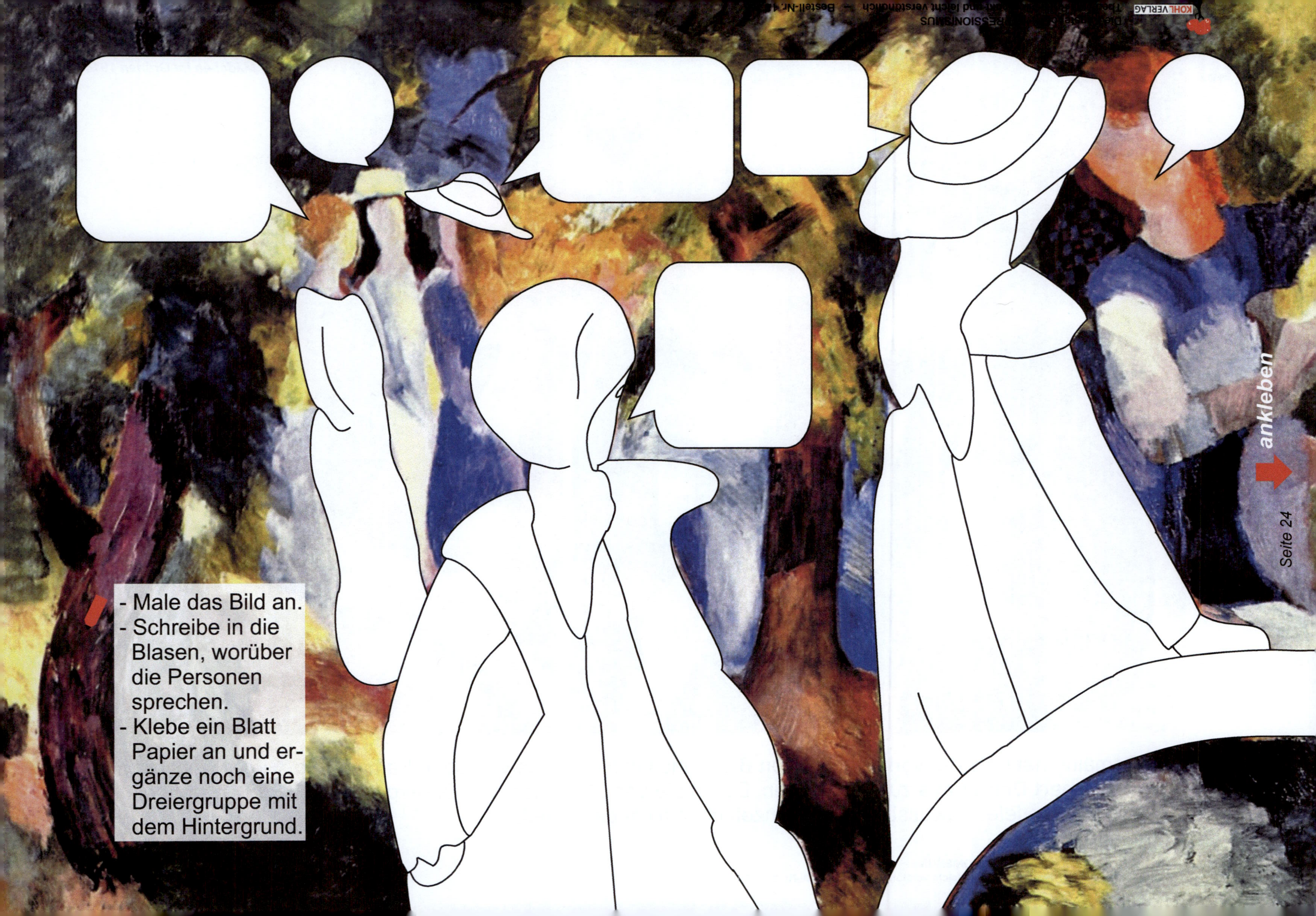
- Male das Bild an.
- Schreibe in die Blasen, worüber die Personen sprechen.
- Klebe ein Blatt Papier an und ergänze noch eine Dreiergruppe mit dem Hintergrund.
ankleben

Paula Modersohn-Becker

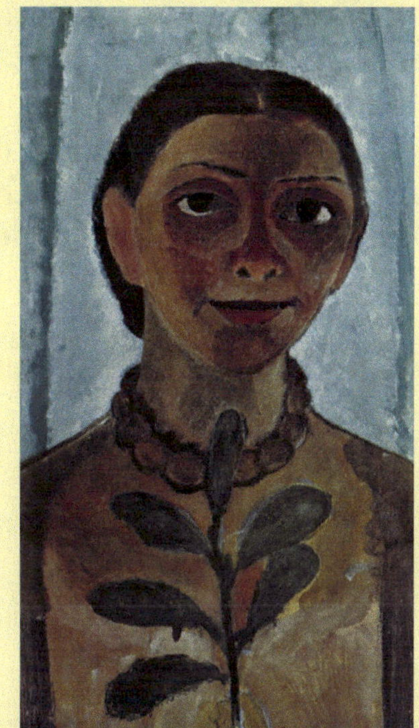

Paula Modersohn-Becker
Selbstporträt *1907*

Paula Modersohn-Becker wurde gegen den Widerstand aus ihrer Familie Künstlerin. Sie erlebte ungenügende Beachtung durch andere Künstler und Hohn und Spott durch die Kunstkritiker und Öffentlichkeit. Sie hielt an ihrem Ziel fest und wurde die bedeutendste Wegbereiterin und frühe Vertreterin des Expressionismus. In dem von einer schönen Landschaft umgebenen Ort Worpswede bei Bremen arbeitete sie. Immer wieder zog es sie nach Paris, der großen internationalen Kunstmetropole. In nur 14 Jahren schuf sie 750 Gemälde und über 1000 Grafiken. Ihr Leben endete unverhofft mit gerade 31 Jahren.

Paula Modersohn-Becker, deren Taufname **Minna Hermine Paula Becker** war, wurde als drittes Kind am 8. Februar 1876 in Dresden geboren. Sie hatte noch sechs weitere Geschwister. Ihr Vater, der Eisenbahningenieur bei der Berlin-Dresdner Bahn und bei der Preußischen Eisenbahnverwaltung war, hieß **Carl Woldemar Becker** und ihre Mutter **Mathilde Becker**, die aus einer thüringischen Adelsfamilie stammte.

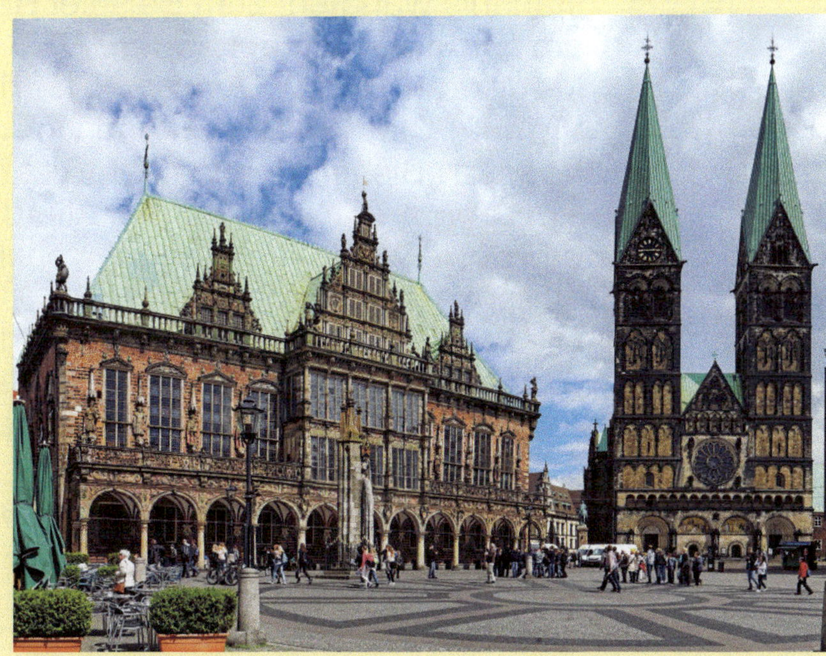

Die Familie siedelte später nach Bremen (Foto links) um.

In ihrer Erziehung spielten Kunst, Literatur und Musik eine große Rolle.

1892 hielt Paula sich für mehrere Monate bei Verwandten in England auf, um Haushaltsführung und Englisch zu lernen. Dank der Unterstützung eines Onkels bekam sie zum ersten Mal Unterricht im Zeichnen an der **School of Arts** in London.

Die Kunstepoche EXPRESSIONISMUS
Theorie & Praxis kompakt und leicht verständlich – Bestell-Nr. 12 356

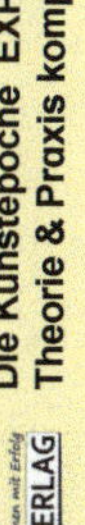

Ihr Vaters drängte sie, sich von 1893 bis 1895 zur Lehrerin ausbilden zu lassen. In dieser Zeit erhielt sie als sein Entgegenkommen privaten Malunterricht. Im Frühjahr 1895 sah Paula Becker erstmals Bilder der Worpsweder Künstler **Hans am Ende**, **Fritz Mackensen**, **Otto Modersohn**, **Fritz Overbeck** und **Heinrich Vogeler**. Sie stellten in der **Kunsthalle Bremen** aus. Besonders gut gefiel ihr ein Bild von Otto Modersohn, ihr späterer Mann.
Von 1896 bis 1897 besuchte sie die Kunstschule in Berlin. Sie ging gerne in die Museen. Besonders fasziniert war sie von den Werken von **Albrecht Dürer**, **Sandro Botticelli**, **Lucas Cranach**, **Leonardo da Vinci**, **Hans Holbein der Ältere** und **Tizian**.

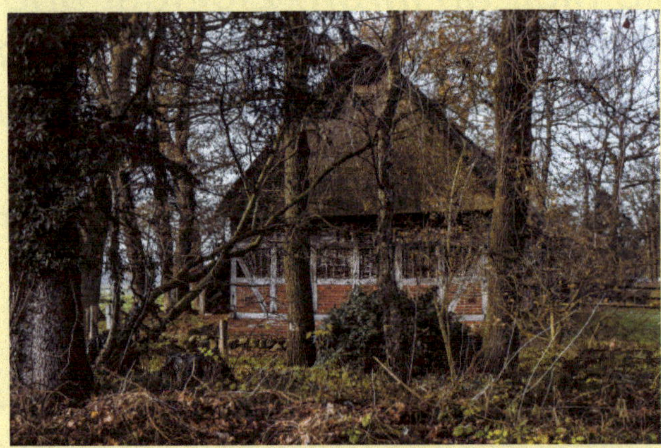

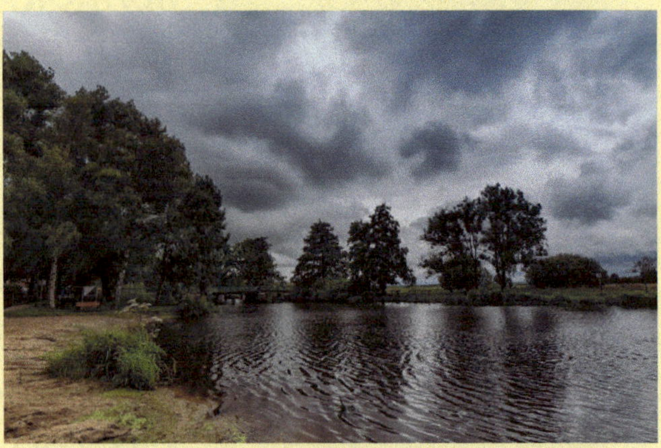

Im Sommer 1897 hielt sie sich zum ersten Mal in Worpswede (Fotos) an dem Flüsschen **Hamme** am **Teufelsmoor** in der Künstlerkolonie auf und lernte Fritz Mackensen kennen, der sie zwei Jahre lang in Kunst unterrichtete. Viel Zuspruch erfuhr sie nicht.

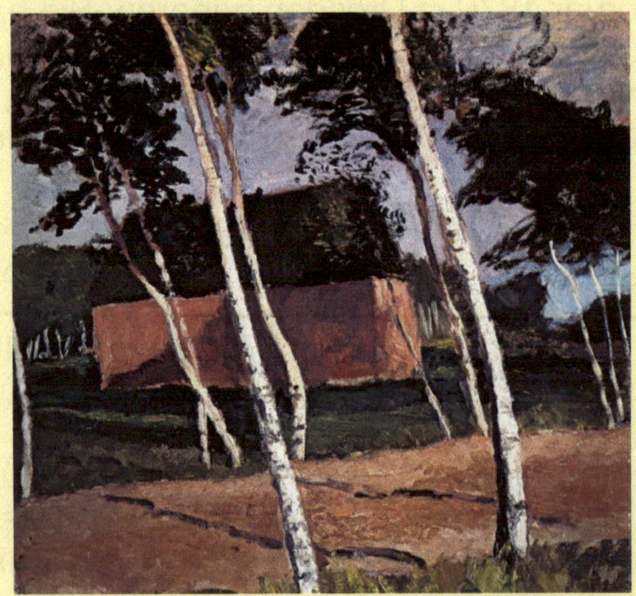

Paula Modersohn-Becker ***Worpsweder Landschaft*** *1900*

Ein Jahr später wurde der kleine Ort ihre neue Heimat. Sie schloss sich dort den bekannten Künstlern an, die sich gegen das Großstadtleben und gegen das konservative Kunstverständnis wandten, zum Beispiel **Hans am Ende**, **Fritz Mackensen**, **Otto Modersohn**, **Fritz Overbeck**, **Carl Vinnen**, **Clara Westhoff** und **Heinrich Vogeler**. Sie lernte auch den Dichter **Rainer Maria Rilke** kennen. Allerdings erhielt sie wenig Anerkenung von ihnen außer von Otto Modersohn.
Die Landschaft um den kleinen Ort, die bäuerliche Lebenswelt, Porträts, Akte, Kinder und Stillleben sprachen sie an und wurden ihre Motive.
1899 zeigte sie zwei Gemälde und einige Studien in der Kunsthalle Bremen aus. **Arthur Fitger**, Maler, Dichter und Kunstkritiker, schrieb eine negative Rezension. Sie fühlte sich unverstanden und arbeitete zurückgezogen.
1901 heiratete sie Otto Modersohn und nannte sich Paula Modersohn-Becker. In diesem Jahr schuf sie zahlreiche Landschaftsdarstellungen.

Die Ehe war anfangs glücklich, aber später nicht immer konfliktfrei.
Nach und nach fand das Figürliche wieder größeres Gewicht gegenüber der Landschaft. 1902 arbeitete sie eng mit ihrem Mann zusammen.
In den Jahren von 1900 bis 1907 reiste Paula Becker mehrmals nach Paris. Nur wenige Male folgte Otto Modersohn ihr für eine kurze Zeit. Sie richtete sich dort ein Atelier ein, studierte an der **Akademie Colarossi** und an der **École des Beaux-Arts** und nahm Kontakt zur künstlerischen Avantgarde auf. Beeinflusst wurde ihre Entwicklung durch Bilder der Künstler **Jean-Francois Millets, Vincent van Gogh**, **Paul Gauguin** und **Paul Cézanne**. Sie arbeitete jetzt elementarer, klar umrissen und flächig und betonte Licht und Schatten. Hauptmotive wurden zunehmend Menschen und Stillleben. Als eine der ersten unter den Künstlern in Deutschland erkannte sie die große Bedeutung von **Paul Cézanne** und **Paul Gauguin**.
Nach einer Trennung von ihrem Mann, Scheidungsabsichten und einer erneuten Reise nach Paris, kehrte sie zu ihm wieder zurück. Beide bezogen ein gemeinsames Atelier am Boulevard Montparnasse in Paris.
Beide kehrten 1907 nach Worpswede zurück.
Am 2. November 1907 wurde die gemeinsame Tochter **Mathilde** geboren. Paula Modersohn-Becker starb 18 Tage später, am 20. November 1907, an den Folgen der Geburt in Worpswede. Sie wurde auf dem Friedhof von Worpswede beigesetzt.
Heute wird Paula Modersohn-Beckers Werk wertgeschätzt. Es ist einmalig und fester Bestandteil der modernen Kunstgeschichte. Die Künstlerin ging vorbildlich souverän ihren Weg und gehörte zu den Wegbereitern des Deutschen Expressionismus.

***Worpsweder Landschaft** 1900*
***Moorkanal mit Torfkahn** 1900*
***Moorgraben** 1900-1902*
***Mädchen im Garten mit Glaskugel** um 1901-1902*
***Stillleben mit Zitrone, Apfelsine und Tomate** 1903*
***Mädchen mit Katze im Birkenwald** 1904*
***Zwei sitzende Mädchen im Birkenwald** um 1904-1905*
***Stillleben mit Blattpflanze, Zitrone und Apfelsine** 1906*
***Die Armenhäuslerin** 1906*
***Stillleben mit Tonkrug** 1907*

- Welchen Beruf musste Paula Modersohn-Becker auf Drängen ihres Vaters lernen?
- Nenne Künstler, die sie in Worpswede kennenlernte.
- Zähle Motive auf, die sie häufig in Worpswede malte.
- Wie heißt die Stadt, in der sie sich von 1900 bis 1906 oft aufhielt?
- Wie endete ihr Leben?

Die Kunstepoche EXPRESSIONISMUS
Theorie & Praxis kompakt und leicht verständlich – Bestell-Nr. 12 356

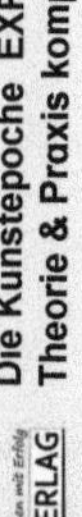

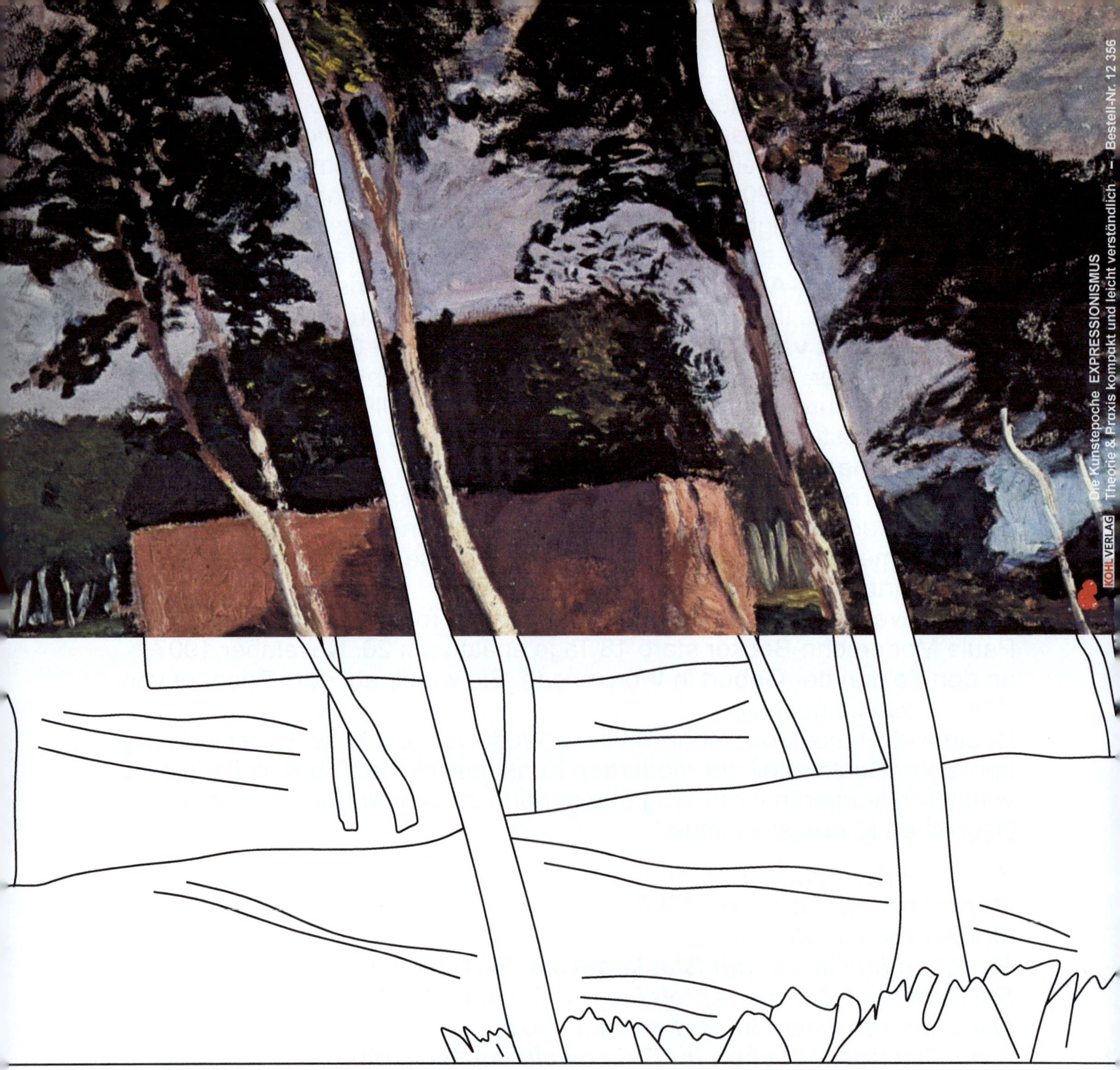

Die Kunstepoche EXPRESSIONISMUS
Theorie & Praxis kompakt und leicht verständlich – Bestell-Nr. 12 356
KOHL VERLAG

Paula Modersohn-Becker ***Worpsweder Landschaft*** *1900*

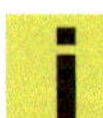

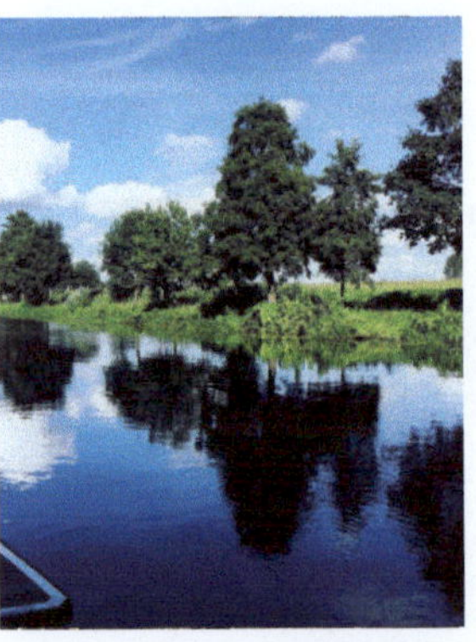

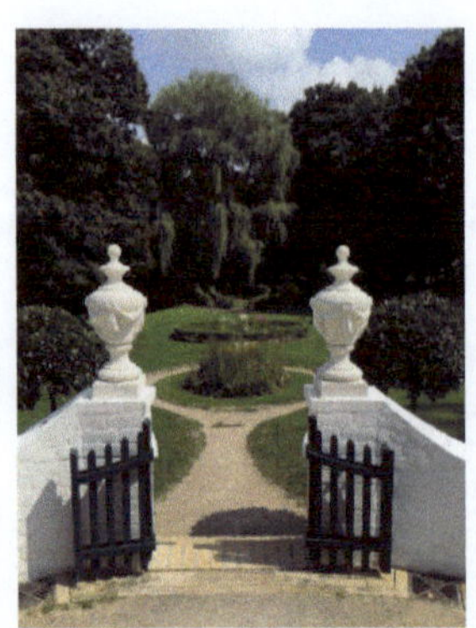

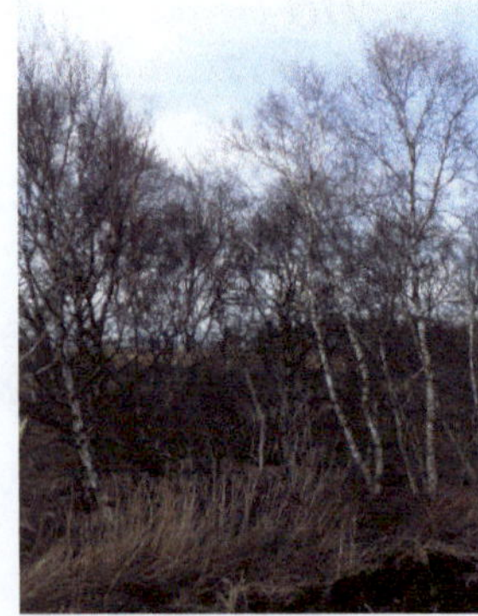

Die Landschaft um Worpswede ist schön. Es gibt den Weyerberg, das Flüsschen Hamme und das Teufelsmoor mit vielen Birken. Im Ort leben heute noch viele Künstler und es gibt viele Galerien.

Male das Bild an.

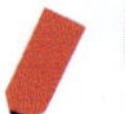

Male eine typische Landschaftsansicht aus der Umgebung deines Wohnortes in deinem Stil unter Verzicht auf Einzelheiten. Benutze Pinsel, Tuschfarben und ein Zeichenblockblatt.

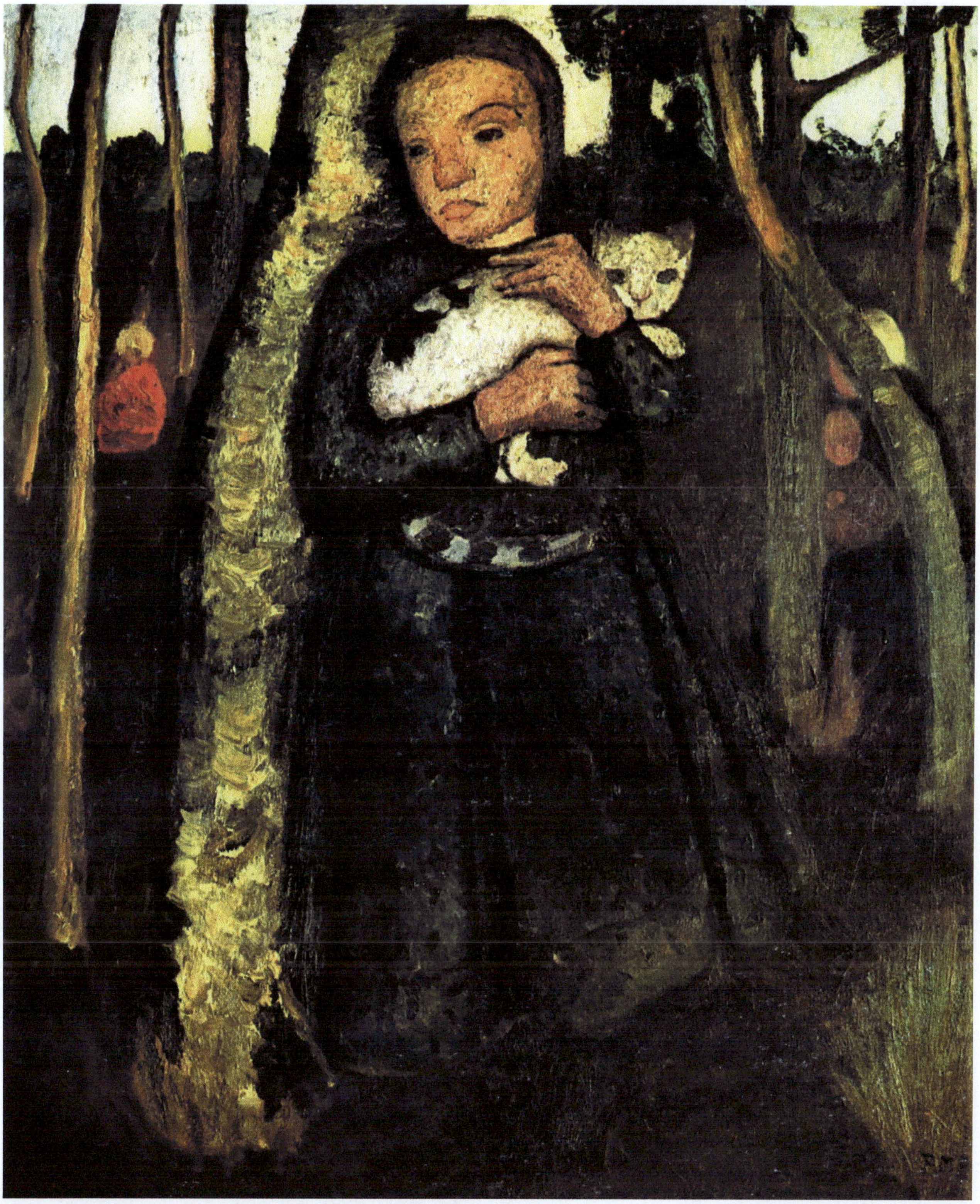

Paula Modersohn-Becker ***Mädchen mit Katze im Birkenwald*** *1904*

Paula Modersohn-Becker malte viele Bilder mit Kindern. Sie stammten aus einfachen Verhältnissen und hatten zumeist einen ernsten Gesichtsausdruck, manchmal auch Erwachsenenzüge. Hier hält ein schlicht gekleidetes Mädchen schützend und liebevoll eine Katze mit seinen Armen fest umschlossen. Die Farbigkeit ist verhalten und insgesamt kontrastarm.

Die Kunstepoche EXPRESSIONISMUS
Theorie & Praxis kompakt und leicht verständlich - Bestell-Nr. 12 356

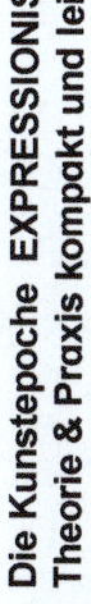

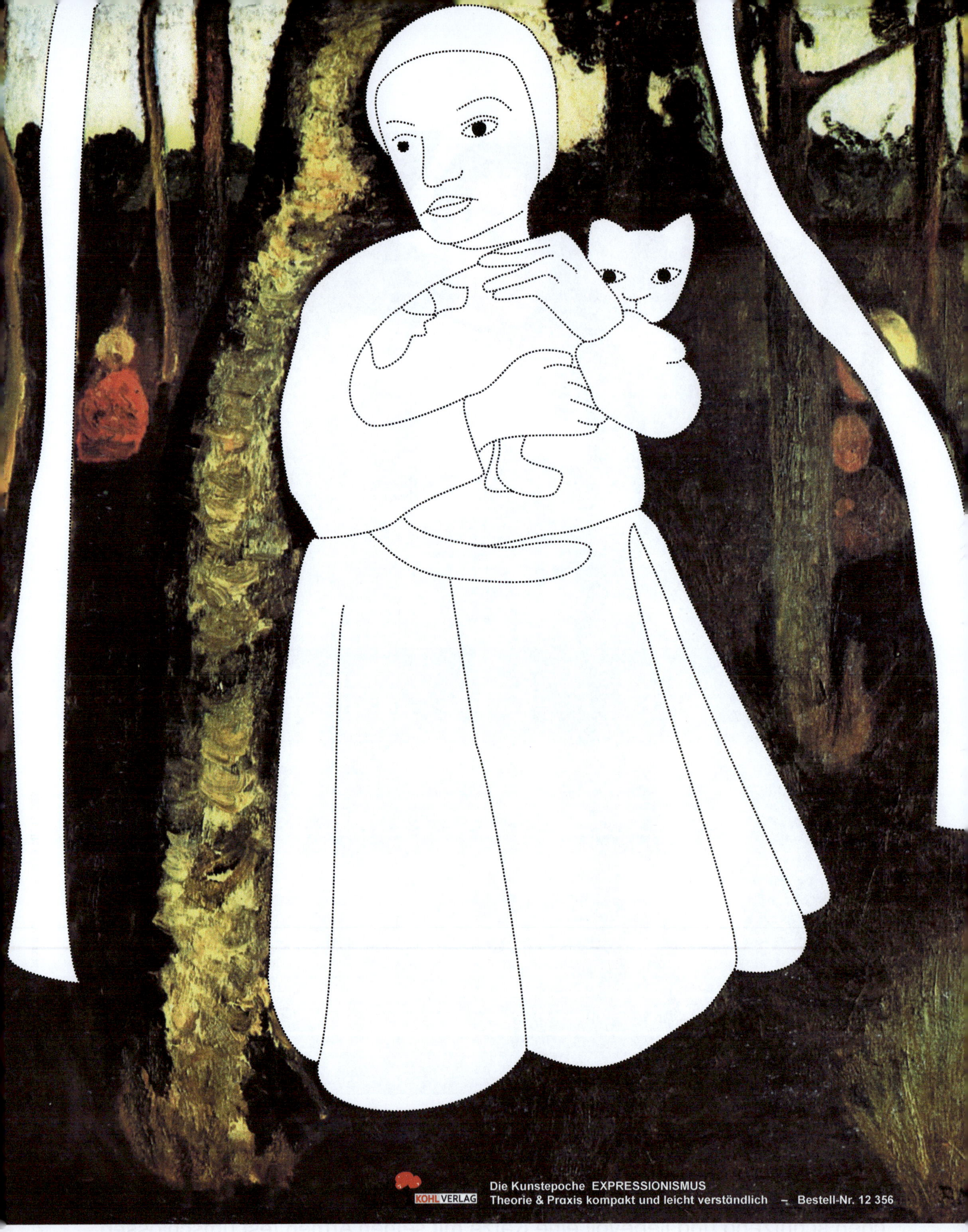

Die Kunstepoche EXPRESSIONISMUS
Theorie & Praxis kompakt und leicht verständlich – Bestell-Nr. 12 356

Zeichne auf den Strichlinien weiter und male alles an.

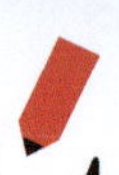

Überlege, warum Kinder dieser Erde oft einen Anlass haben traurig zu sein.
Male dazu ein Bild mit Pinseln und Tuschfarben auf einem Zeichenblockblatt.

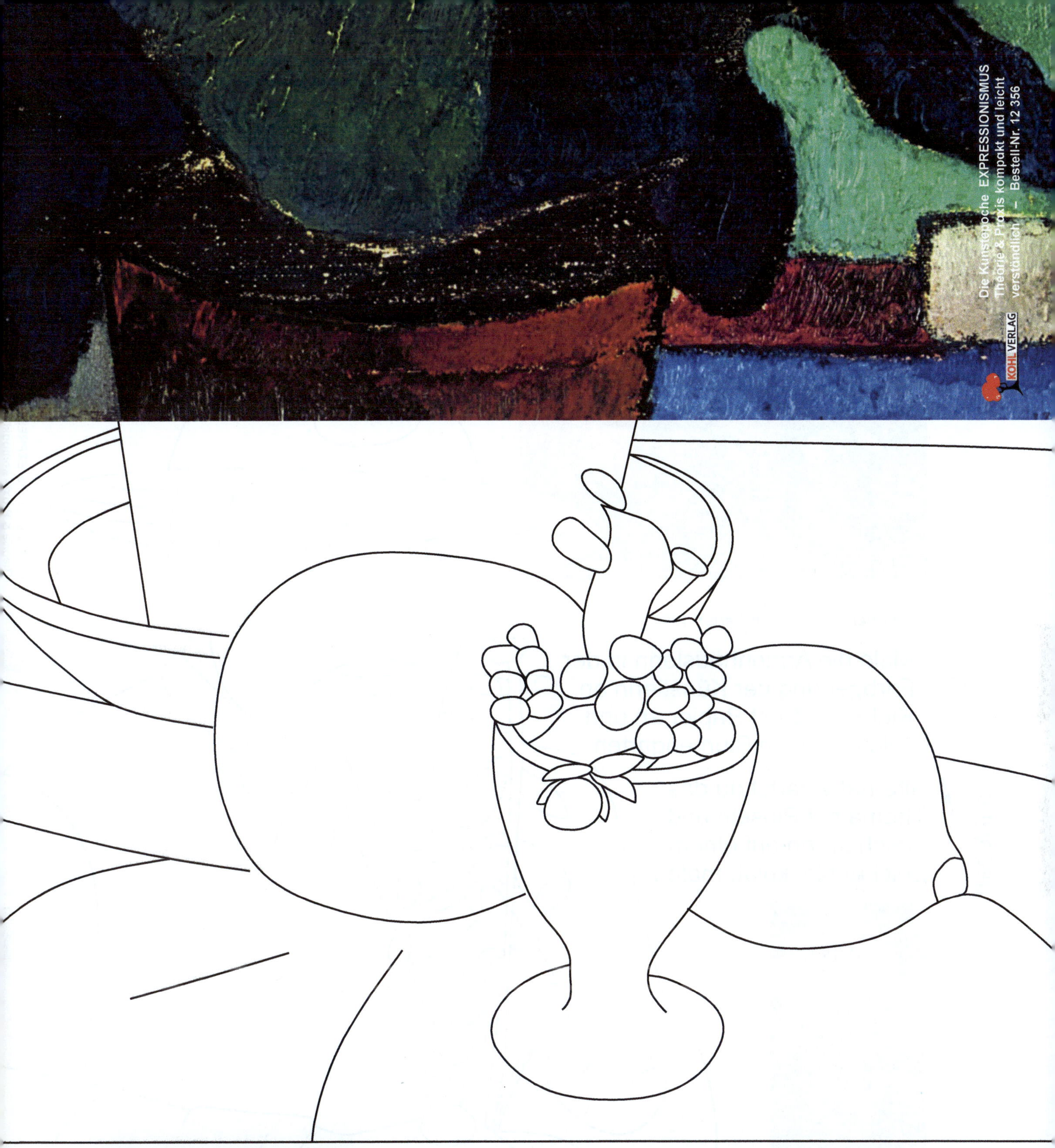

Die Kunstepoche EXPRESSIONISMUS
Theorie & Praxis kompakt und leicht verständlich – Bestell-Nr. 12 356
KOHL VERLAG

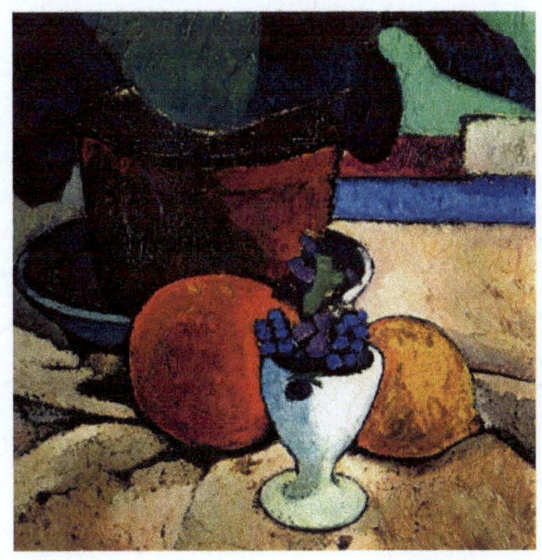

i Paula Modersohn-Becker malte gerne Stillleben, deren einzelne Teile sie vorher zusammenstellte.

Ergänze in dem Bild ***Stillleben mit Blattpflanze, Zitrone und Apfelsine*** (1906) die Orange und Zitrone. Male alles in der Farbgebung der Künstlerin an.

Stelle mit anderen Schülern ein beliebiges Stillleben zusammen und male es mit Pinseln und Tuschfarben auf einem Zeichenblockblatt.

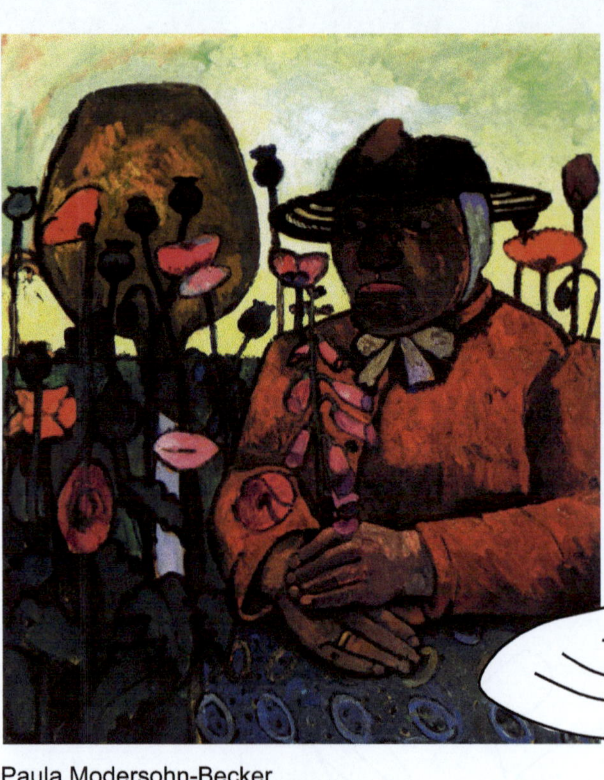

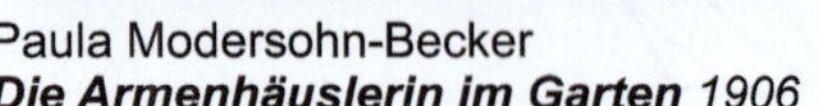

Paula Modersohn-Becker
Die Armenhäuslerin im Garten *1906*

i Dieses Bild ist als eine der letzten Darstellungen vor dem Tod Paula Modersohn-Beckers entstanden. Sie malte eine arme vom Wetter gezeichnete alte Frau, die eine Blume senkrecht in ihren Händen hält und seitlich nach vorne blickt, vielleicht in ihren Blumengarten.

- Male die Armenhäuslerin in der Farbgebung der Künstlerin an.
- Klebe ein Blatt Papier an und zeichne einen Blumengarten.

Alternativ darfst du das Thema mit Pinseln und Tuschfarben auf einem Zeichenblockblatt malen.

ankleben

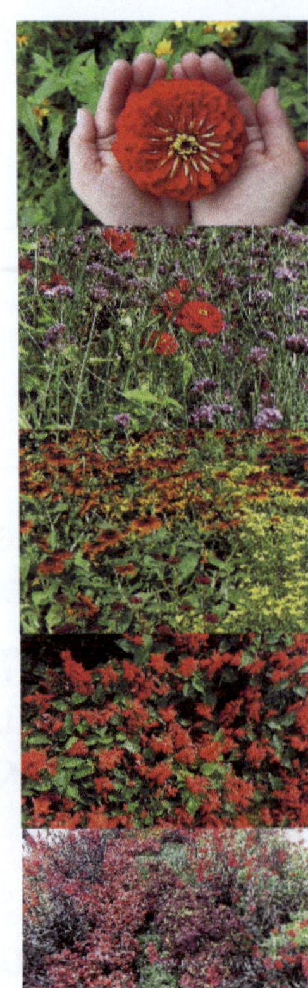

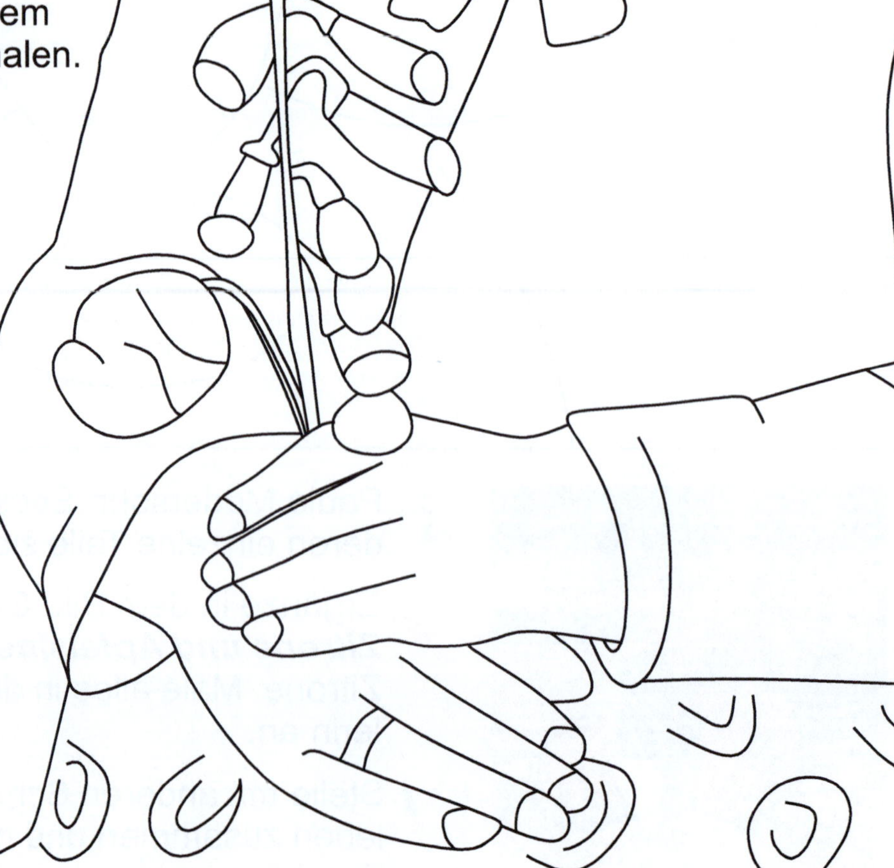

Die Kunstepoche EXPRESSIONISMUS
Theorie & Praxis kompakt und leicht verständlich – Bestell-Nr. 12 356
KOHL VERLAG

Egon Schiele
Porträt der Edith Schiele *1918*

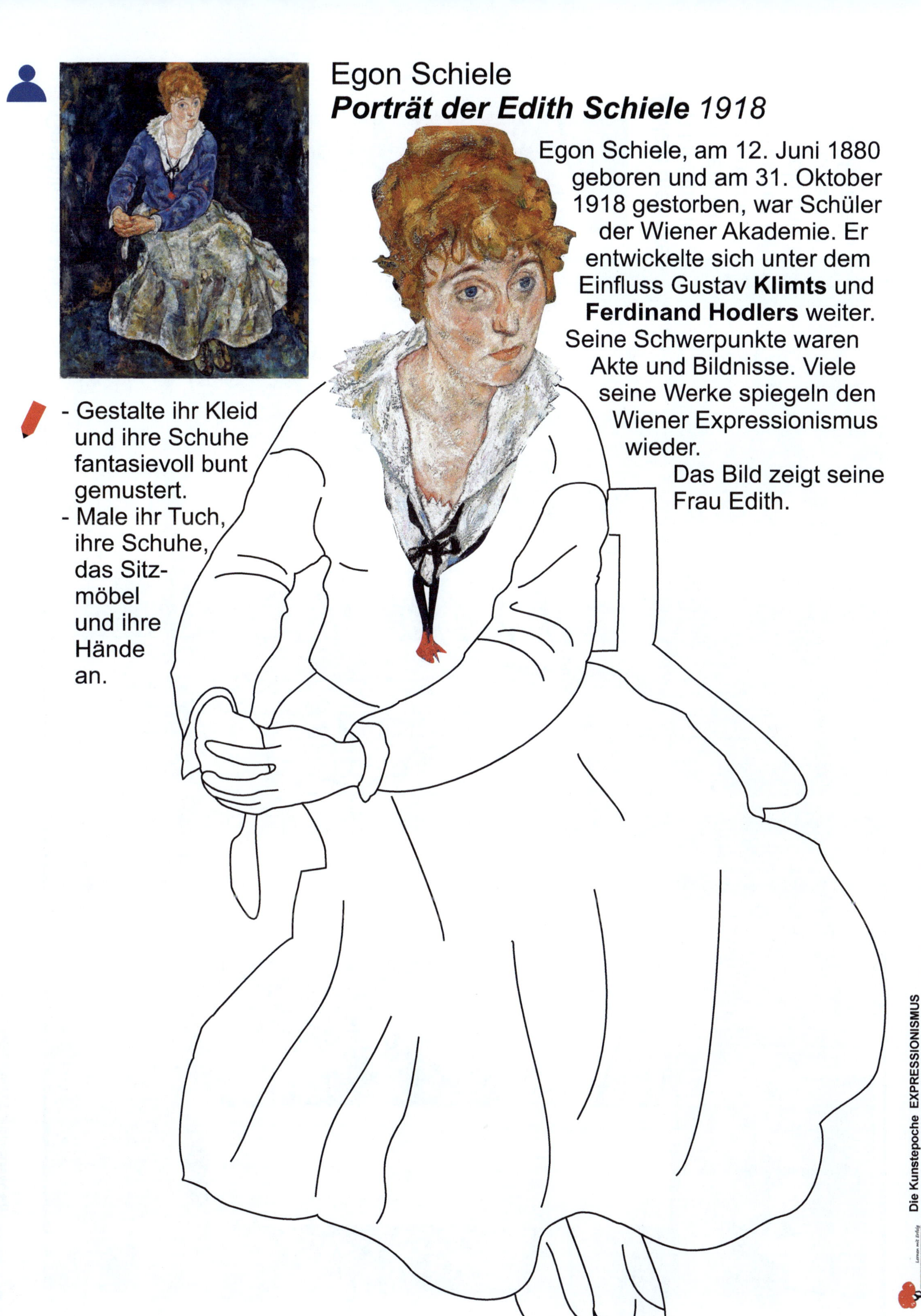

Egon Schiele, am 12. Juni 1880 geboren und am 31. Oktober 1918 gestorben, war Schüler der Wiener Akademie. Er entwickelte sich unter dem Einfluss Gustav **Klimts** und **Ferdinand Hodlers** weiter. Seine Schwerpunkte waren Akte und Bildnisse. Viele seine Werke spiegeln den Wiener Expressionismus wieder.

Das Bild zeigt seine Frau Edith.

- Gestalte ihr Kleid und ihre Schuhe fantasievoll bunt gemustert.
- Male ihr Tuch, ihre Schuhe, das Sitzmöbel und ihre Hände an.

KOHL VERLAG
Die Kunstepoche EXPRESSIONISMUS
Theorie & Praxis kompakt und leicht verständlich – Bestell-Nr. 12 356

Gestalte das Bild in den weißen Flächen weiter.

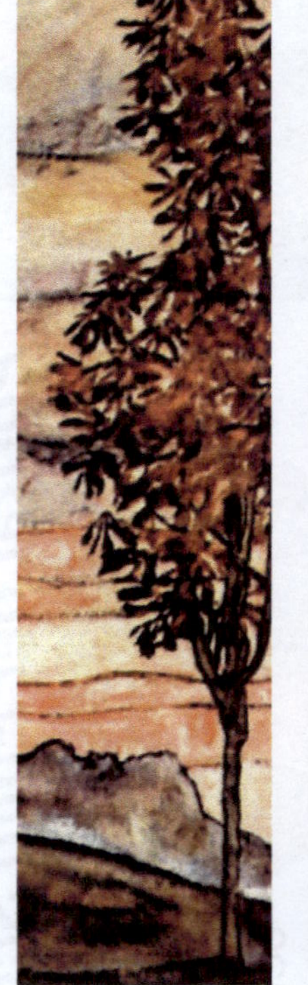

Male die linke Bildhälfte in deinem Stil und deiner Farbigkeit mit Pinseln und Tuschfarben großformatig nach.

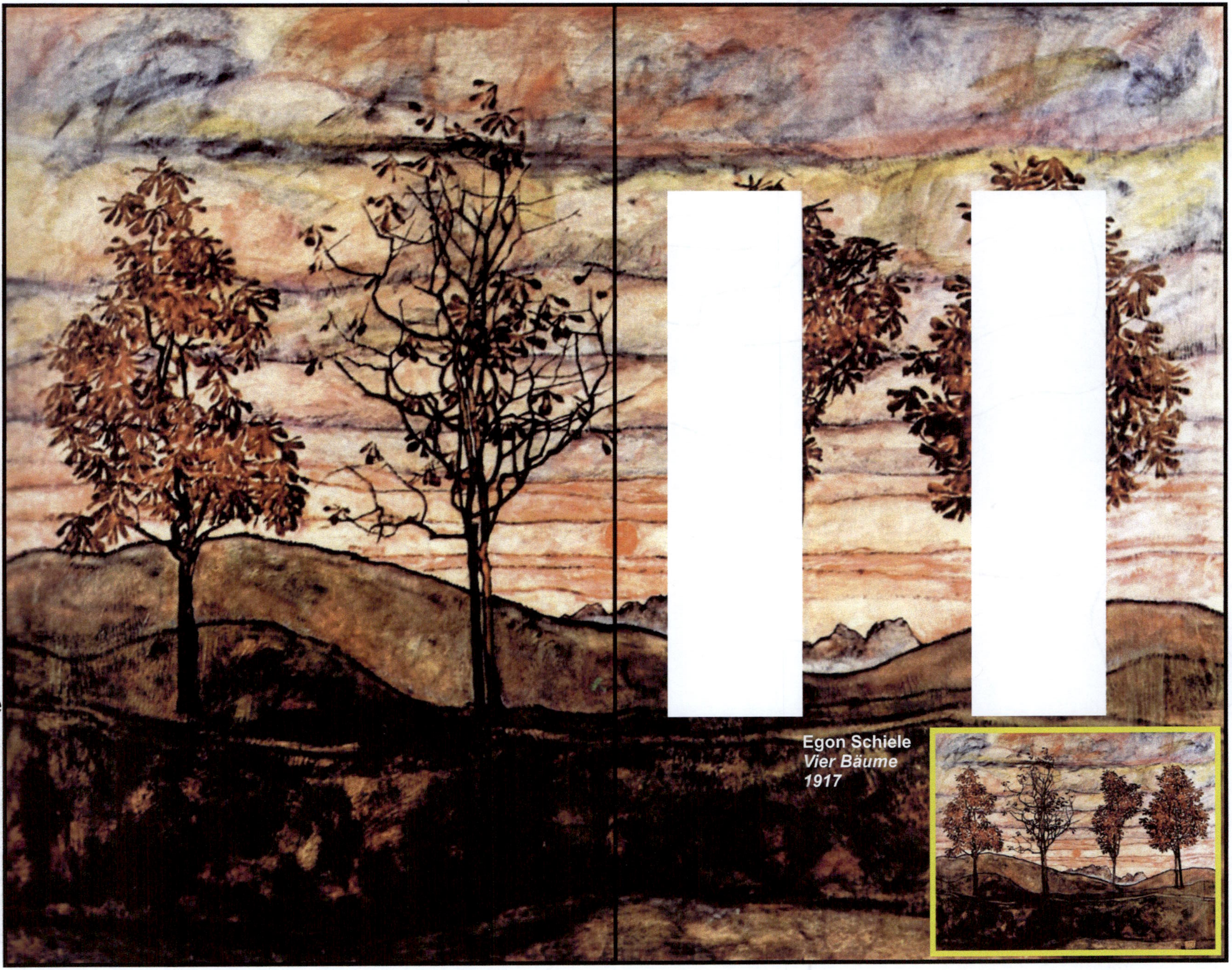

Egon Schiele
Vier Bäume
1917

KOHL VERLAG Lernen mit Erfolg
Die Kunstepoche EXPRESSIONISMUS

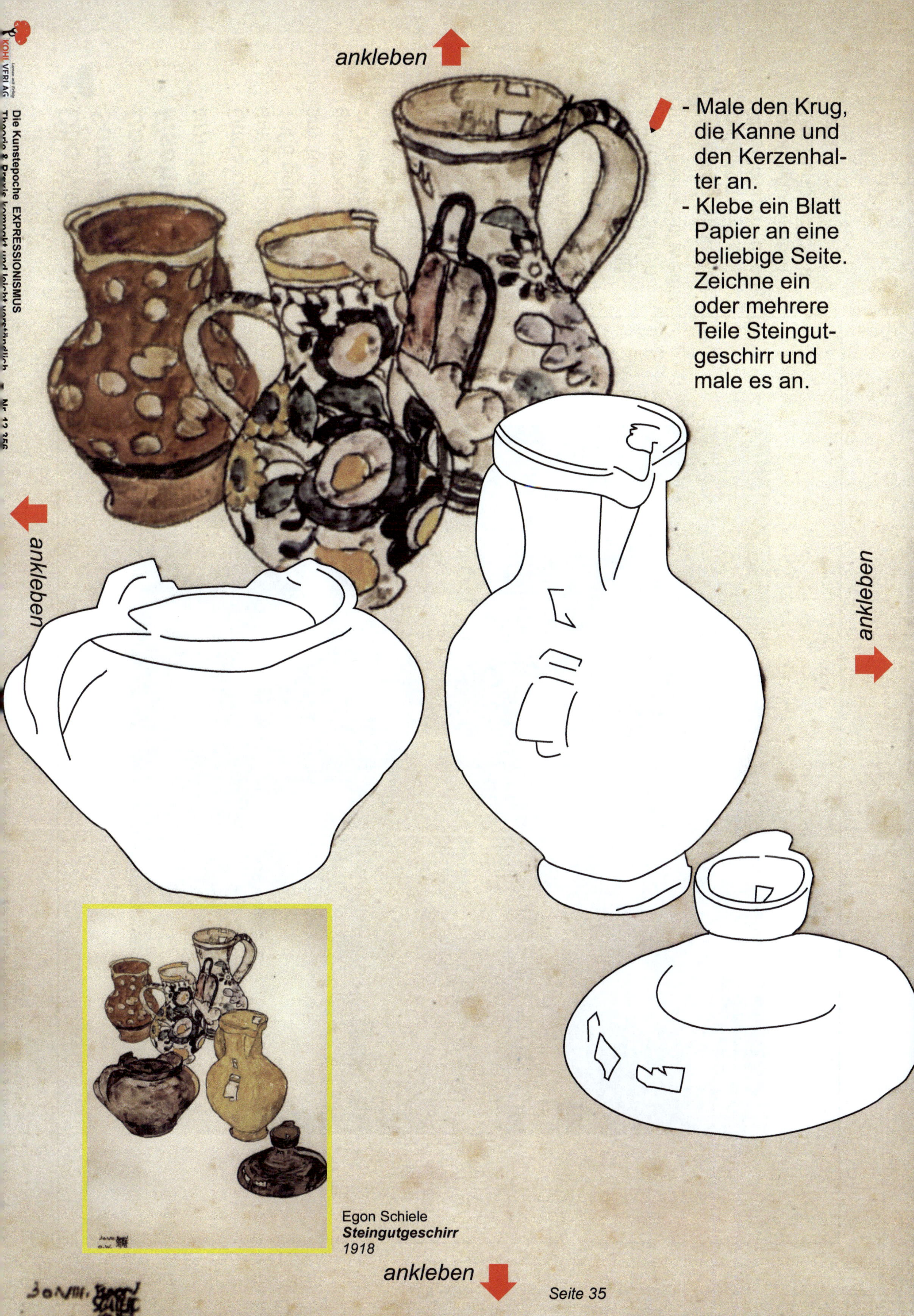

- Male den Krug, die Kanne und den Kerzenhalter an.
- Klebe ein Blatt Papier an eine beliebige Seite. Zeichne ein oder mehrere Teile Steingutgeschirr und male es an.

Egon Schiele
Steingutgeschirr
1918

Otto Modersohn
Sommerliche Dorfstraße in Fischerhude
um 1920

Otto Modersohn, am 22. Februar 1865 geboren und am 10. März 1943 gestorben, gehörte zu der Worpsweder Künstlerkolonie. Nach dem Tod seiner Frau **Paula Modersohn-Becker** zog er in das nahe **Fischerhude**. Seine Bilder zeigen Expressionismuselemente.

- Gestalte das Bild nach allen Seiten in seinem Stil weiter.
- Male den Bildinhalt in deinem Stil mit Pinseln und Tuschfarben auf einem Zeichenblockblatt nach.

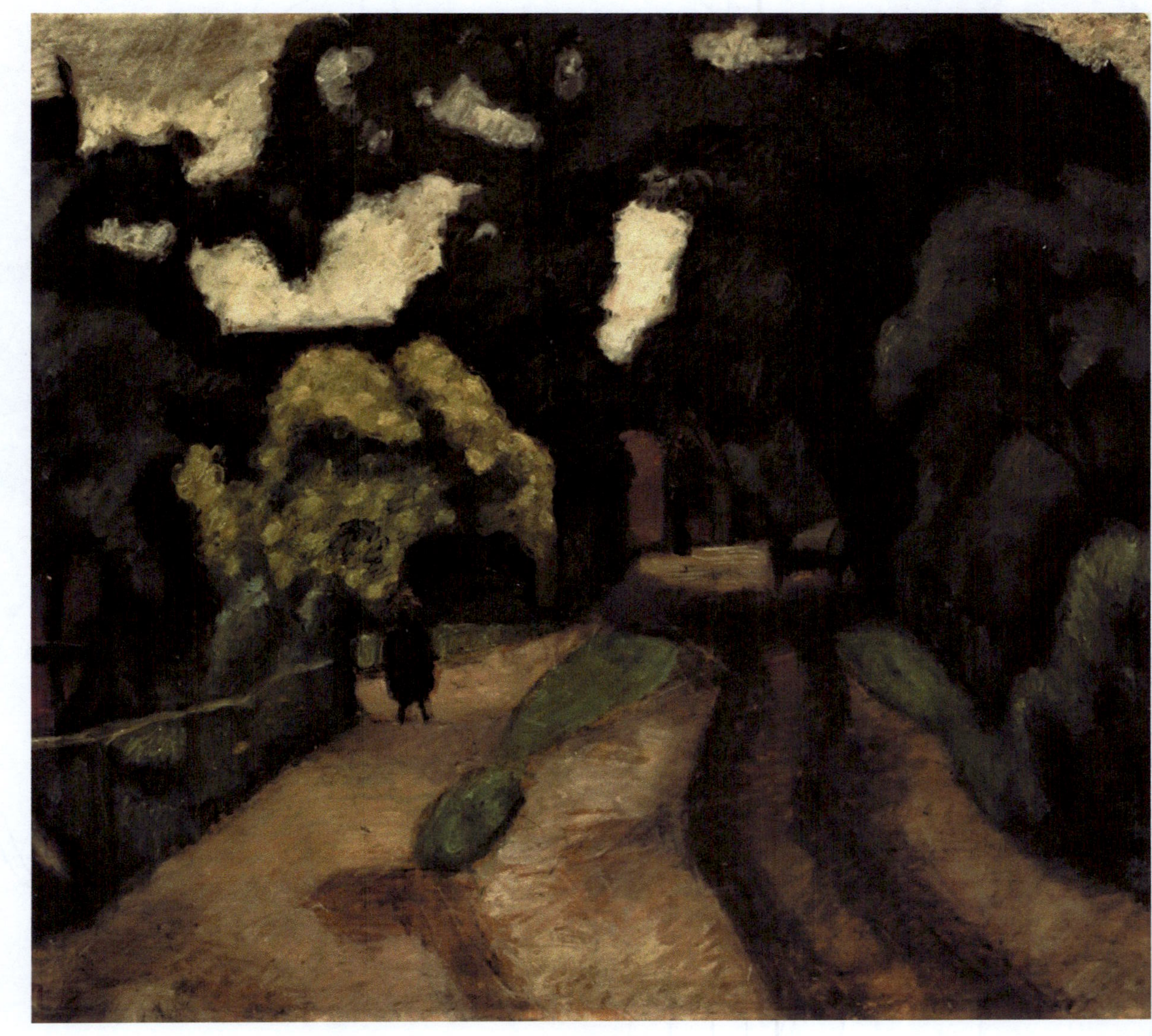

Otto Modersohn ***Frühlingstag an der Wümme*** um 1922

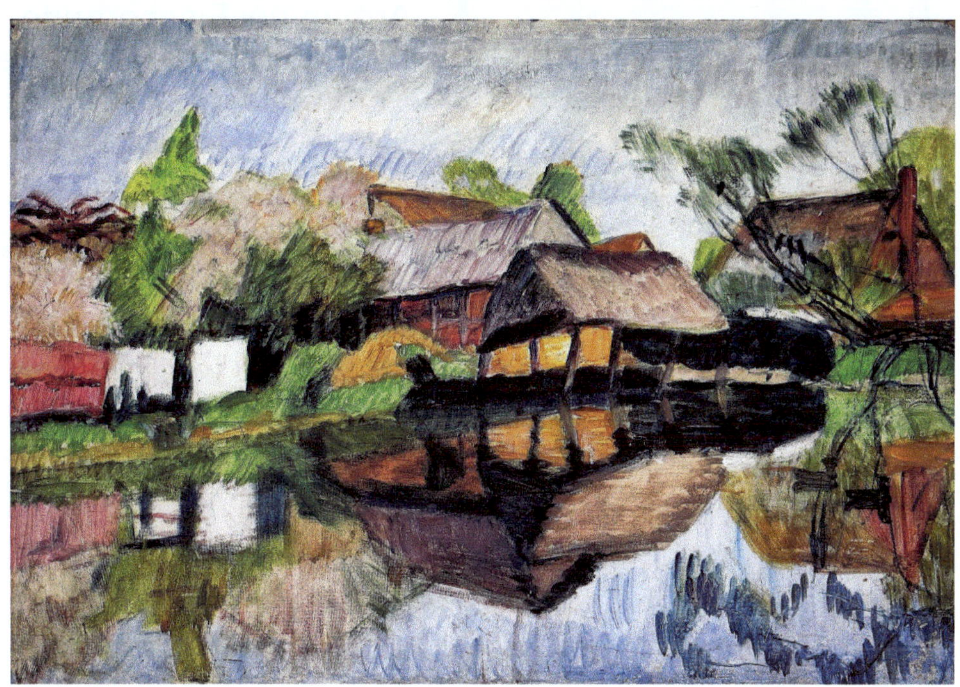

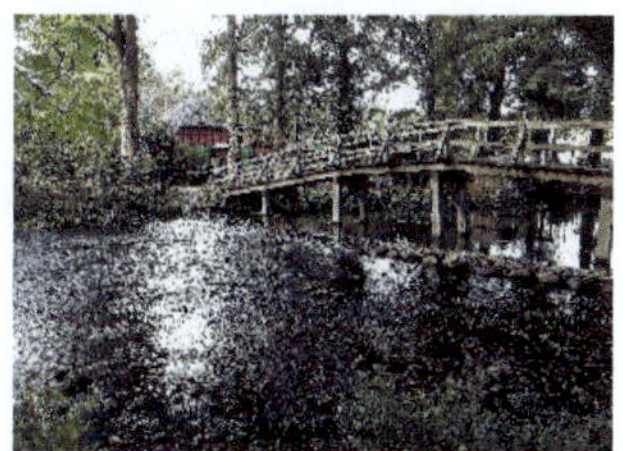

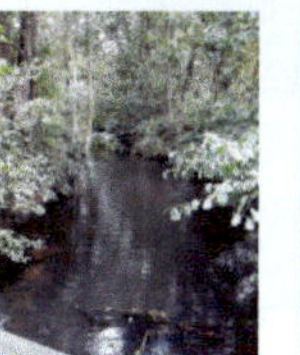

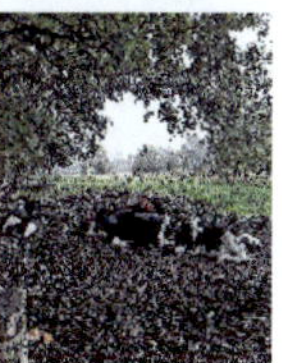

i Die Flussarme der Wümme umgeben zum Teil den Ort Fischerhude.

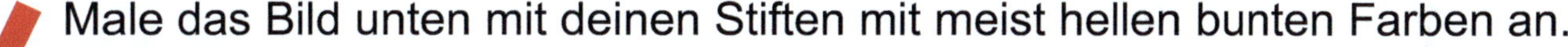

Male das Bild unten mit deinen Stiften mit meist hellen bunten Farben an.

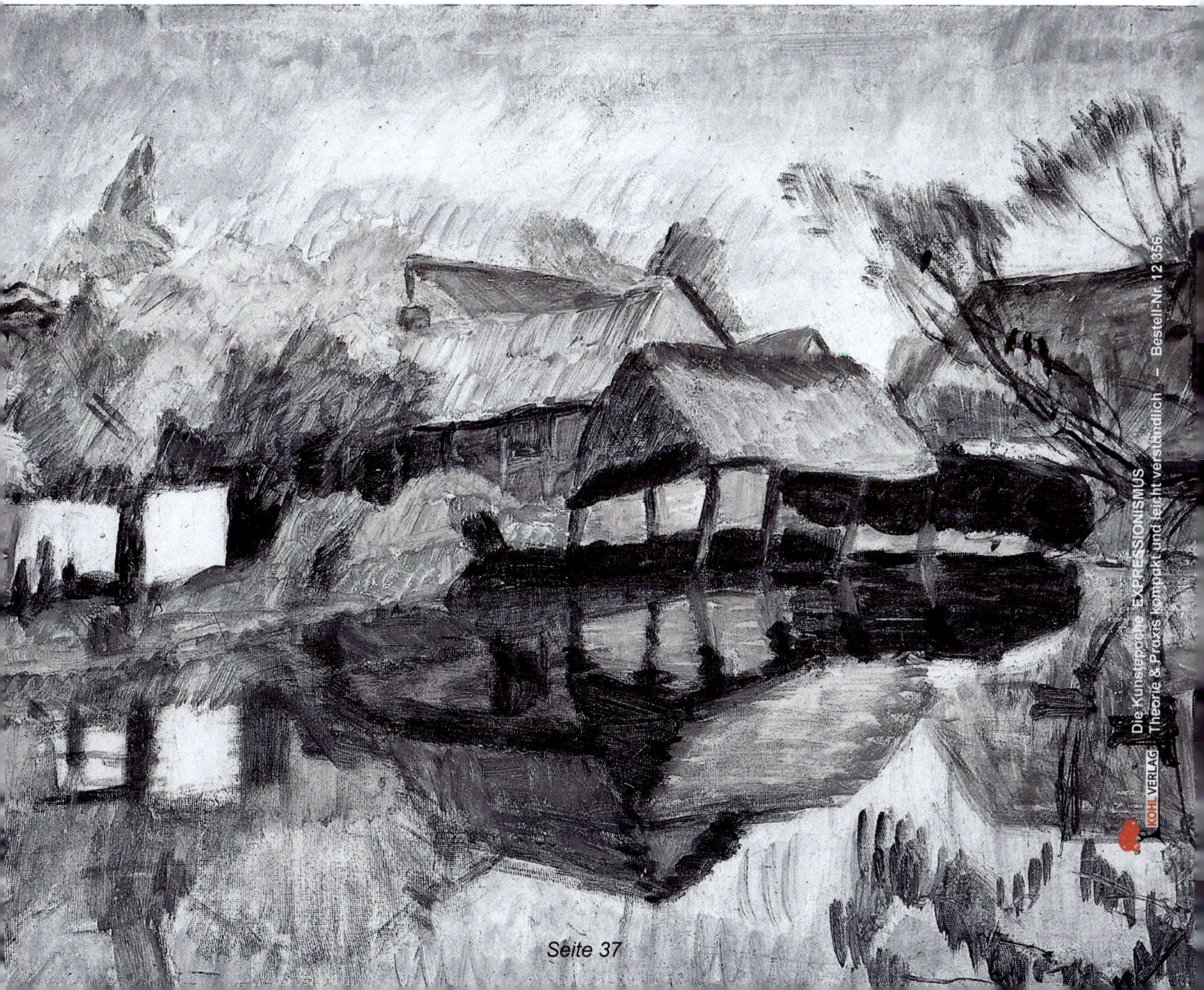

KOHL VERLAG Die Kunstepoche EXPRESSIONISMUS
Theorie & Praxis kompakt und leicht verständlich – Bestell-Nr. 12 356

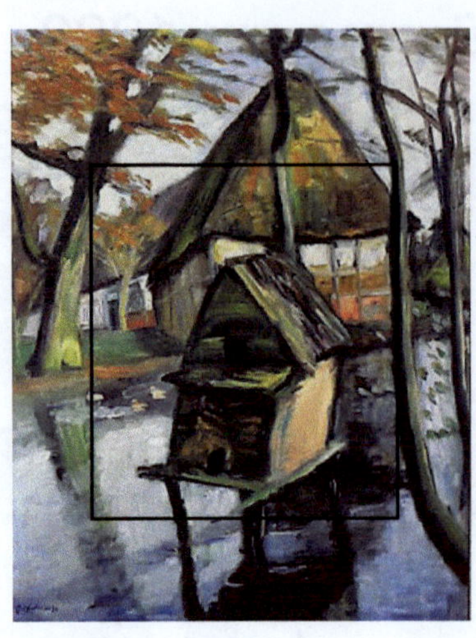

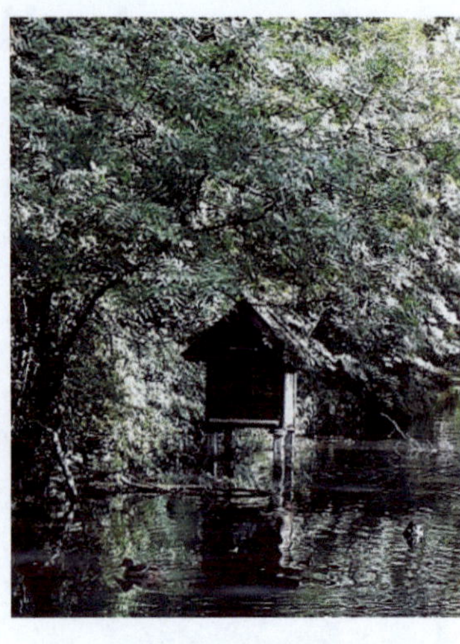

In der Wümme mit ihren Armen bei Fischerhude sind noch heute mehrere Entenhäuser zu entdecken.

Zeichne den Bildusschnitt des Werkes ***Entenhaus an der* Wümme** (um 1926) mit Hilfe der angefangenen gestrichelten Umrisslinien vollständig weiter. Male alles an.

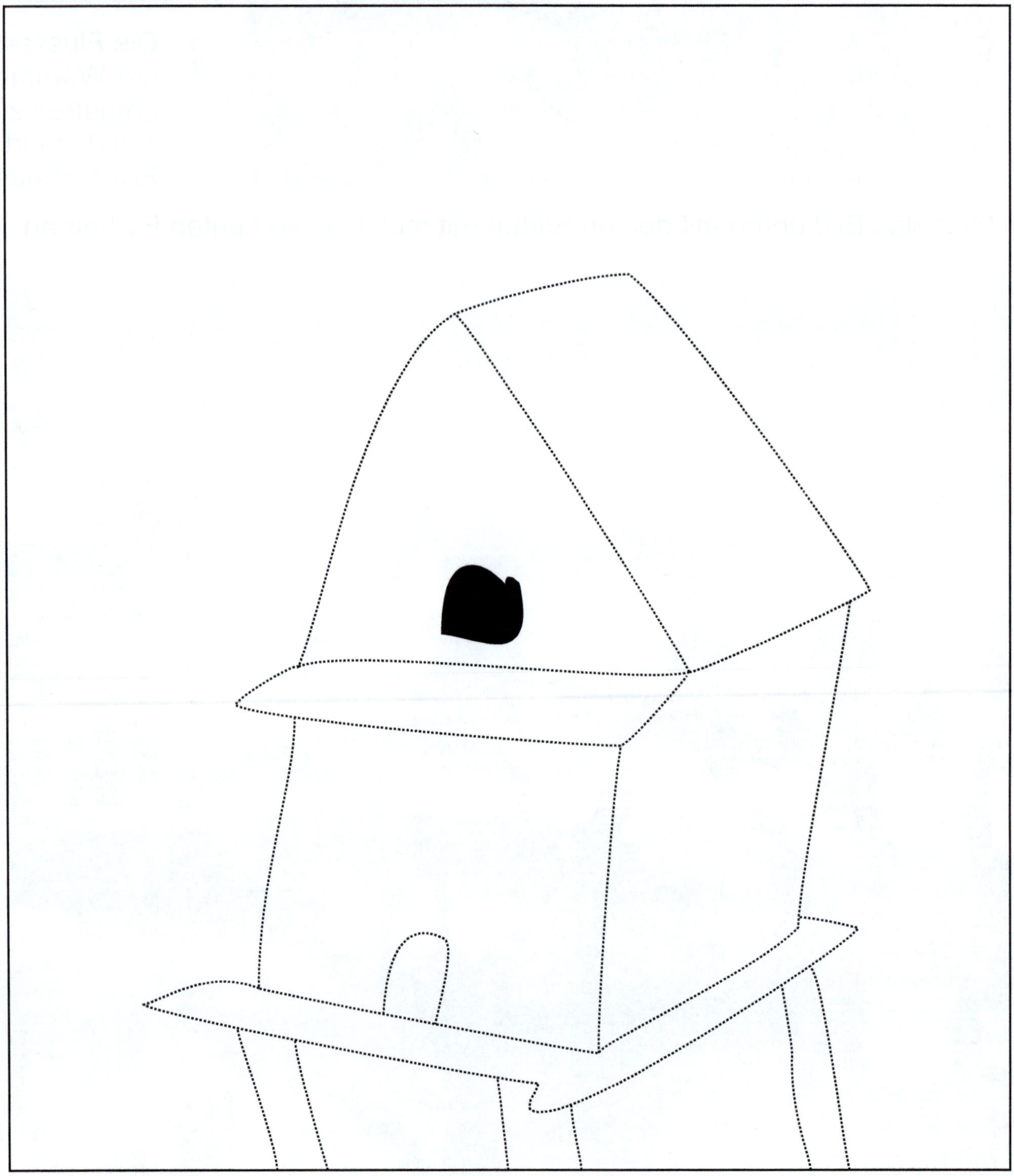

KOHL VERLAG Die Kunstepoche EXPRESSIONISMUS Theorie & Praxis kompakt und leicht verständlich – Bestell-Nr. 12 356

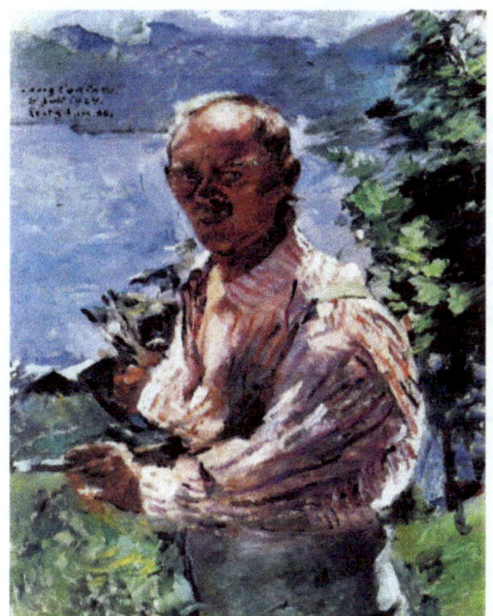

Lovis Corinth ***Großes Selbstporträt vor dem Walchensee*** *1924*

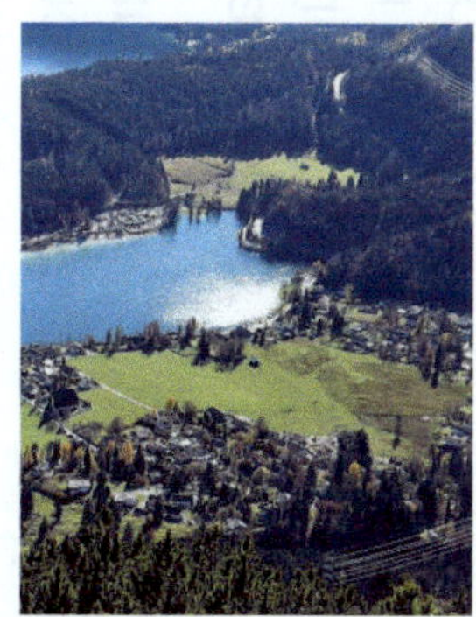

Lovis Corinth (Franz Heinrich Louis Corinth) lebte vom 21. Juli 1858 bis 17. Juli 1925. Er war Maler, Zeichner und Grafiker und wichtiger Vertreter des Impressionismus in Deutschland. Seine späten Werke sind expressionistisch beeinflusst. Im Alter lebte er am Walchensee in Bayern.

Male den Bildausschnitt in den Lücken farbig weiter.

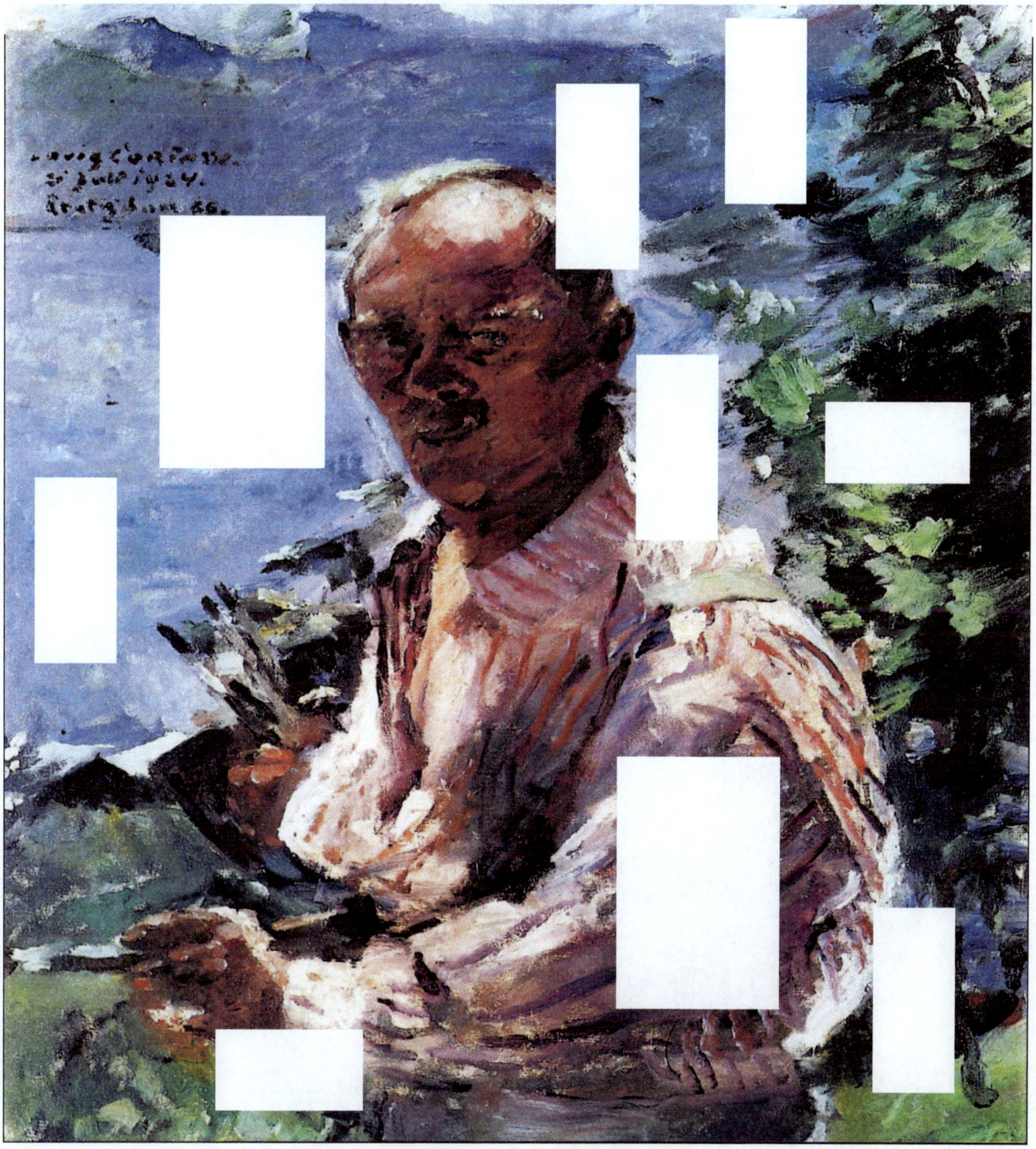

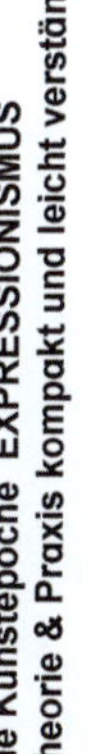

Die Kunstepoche EXPRESSIONISMUS
Theorie & Praxis kompakt und leicht verständlich – Bestell-Nr. 12 356

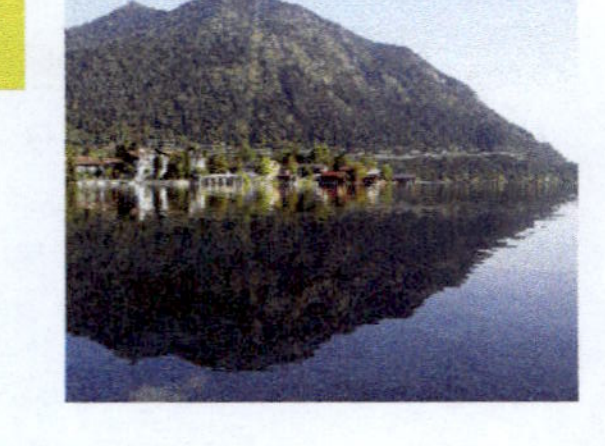

Schaue dir Lovis Corinths Bild an und beschreibe den Inhalt, Stil und die Farbgebung.

Male wie der Künstler, indem du sein Bild mit Pinseln und Tuschfarben auf einem Zeichenblockblatt genau kopierst.

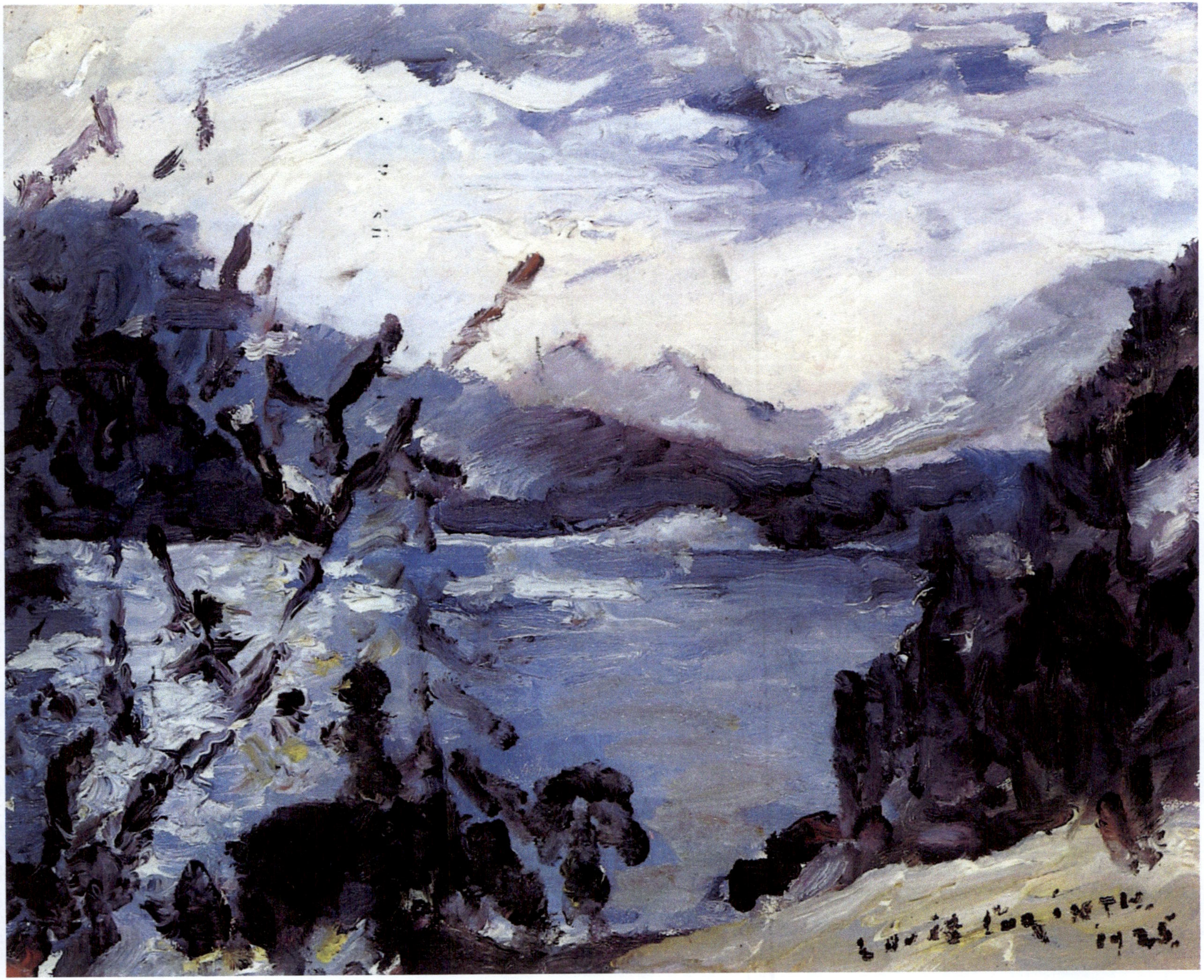

Lovis Corinth
Ostern am Walchensee
1922

Jan Oeltjen
Kleiner Hafen *1919*

Jan Oeltjen, am 15. August 1880 geboren und am 13. Februar 1968 gestorben, studierte Kunst in Berlin und München, besuchte viele europäische Städte und hatte Kontakte zu namhaften Expressionisten, zum Beispiel zu **Oskar Kokoschka**. Nach seiner Teilnahme als Soldat am 1. Weltkrieg lebte er in seinem Geburtsort **Jaderberg** bei Oldenburg und später in Slowenien, wo er starb.

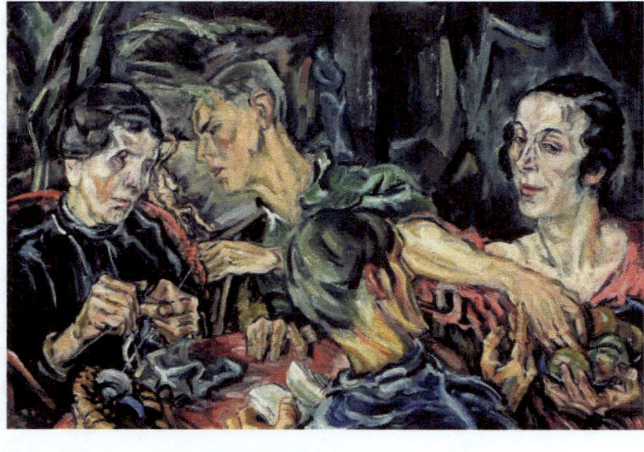

Jan Oeltjen ***Familienbildnis*** *1919*

In dem Bild ***Familienbildnis*** zeigt er sich (vorne) mit seiner Frau **Elsa Oeltjen-Kasimir** (rechts), die auch Malerin war, und anderen Angehörigen. Rechts siehst du den Hafen von Oldenburg.

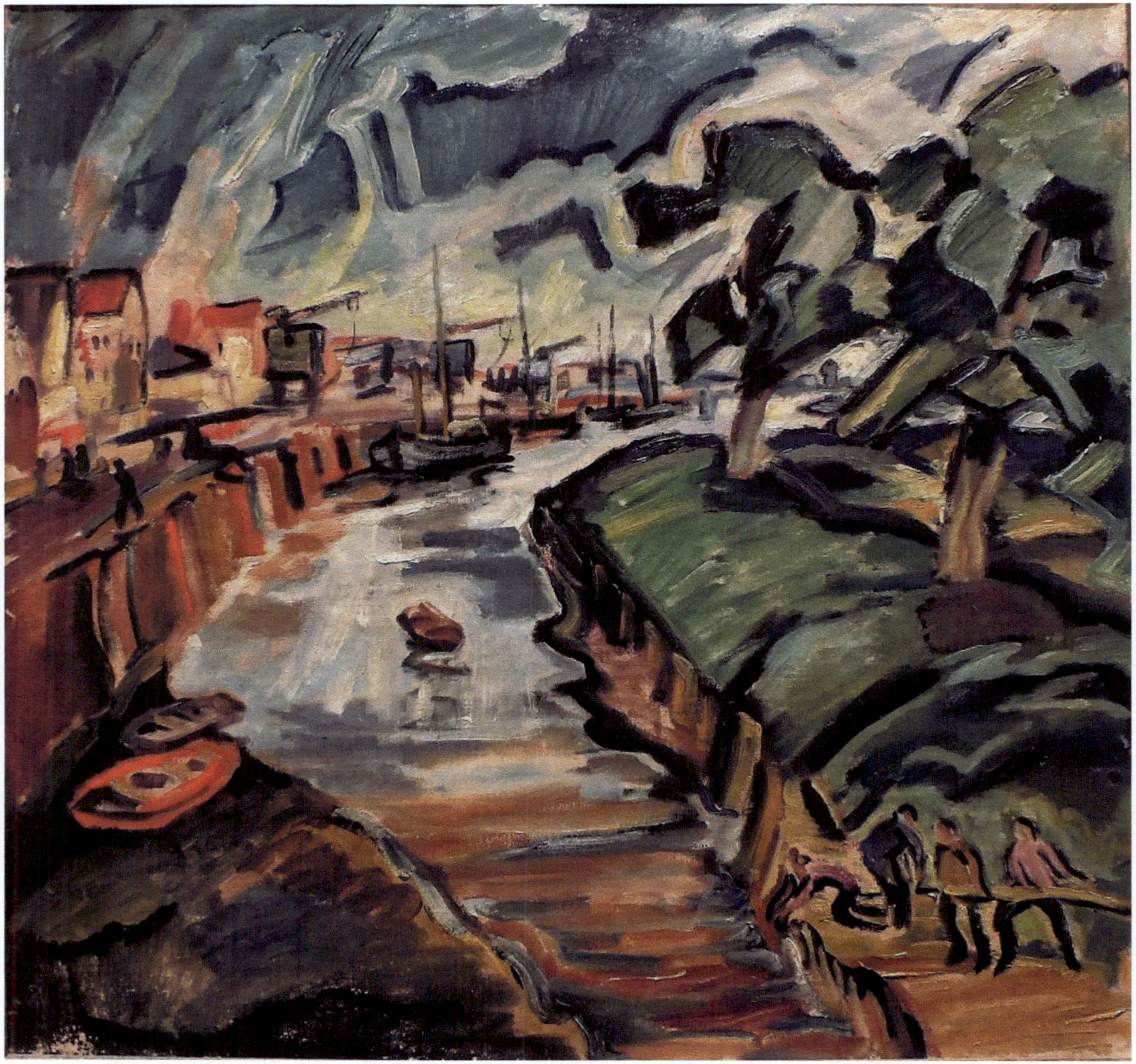

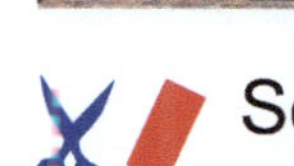

Schneide mit einer Schere das Bild aus, klebe es auf ein Zeichenblockblatt und gestalte es mit Pinseln und Tuschfarben nach allen Seiten weiter.

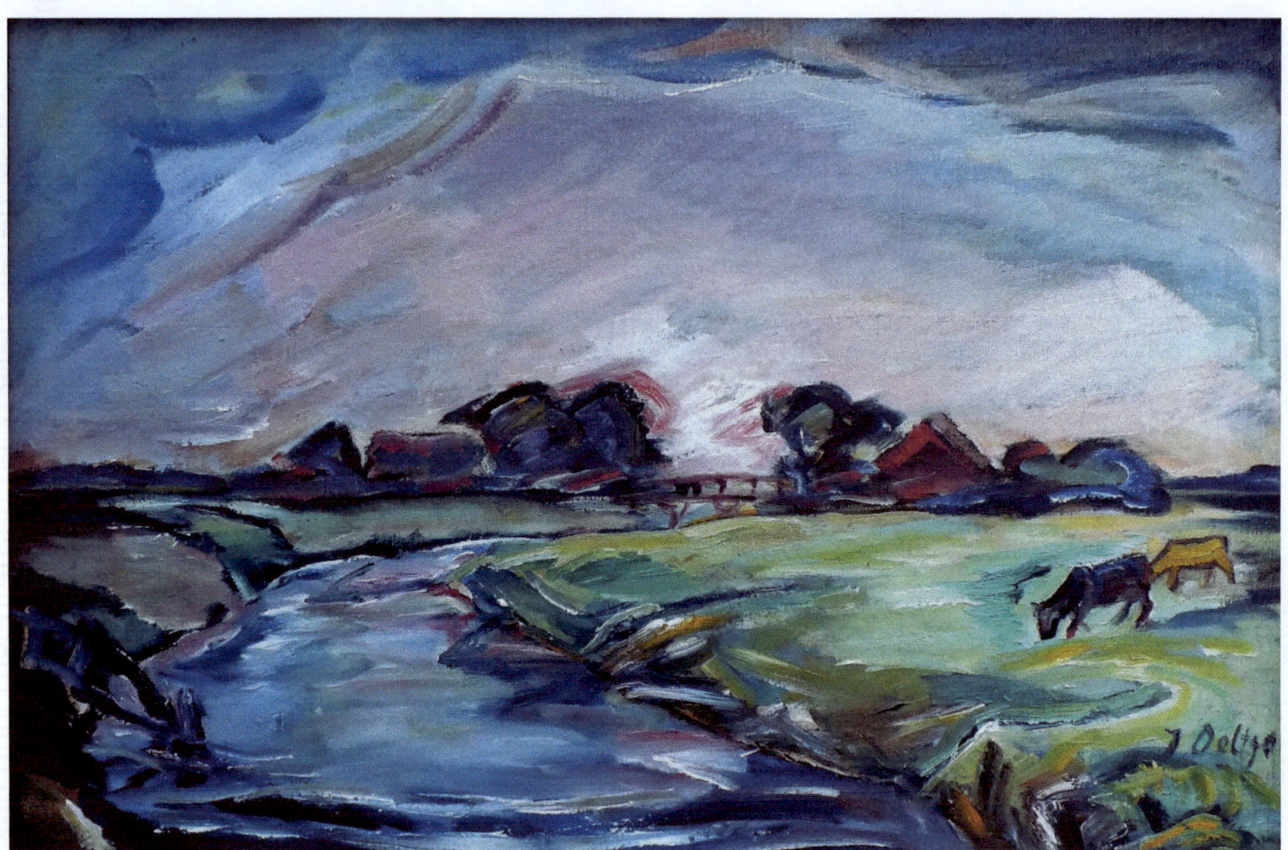

Schaue dir Jan Oeltjens Bild ***Ottenbrücke*** (1920) mit der Jade in der Nähe seines Wohnorts Jaderberg genau an und beschreibe den Inhalt und den Stil.

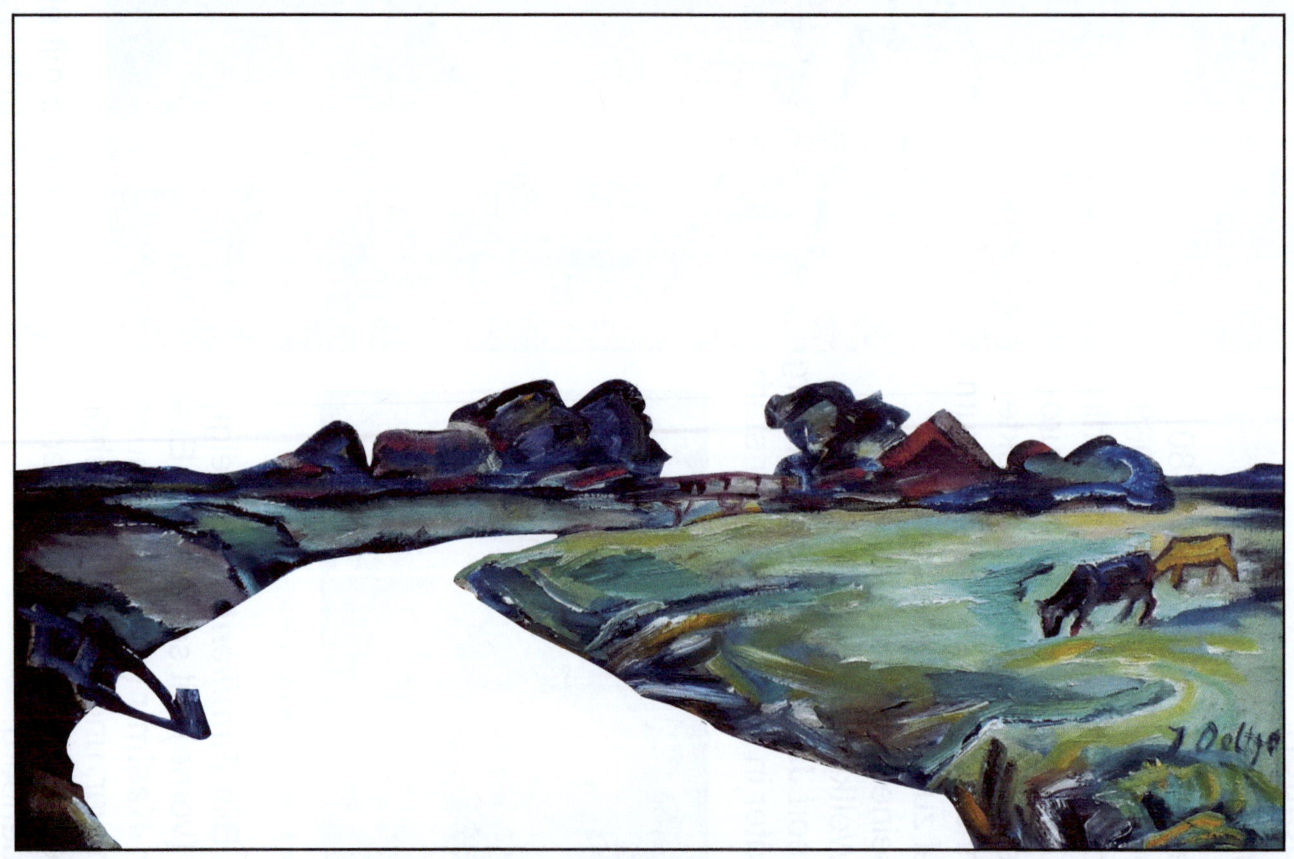

Ergänze das Gewässer und den Himmel mit den Farbstiften.

Kopiere das Bild im Stil des Künstlers mit Pinseln und Tuschfarben auf einem Zeichenblockblatt.

Die Kunstepoche EXPRESSIONISMUS
Theorie & Praxis kompakt und leicht verständlich – Bestell-Nr. 12 356
KOHL VERLAG

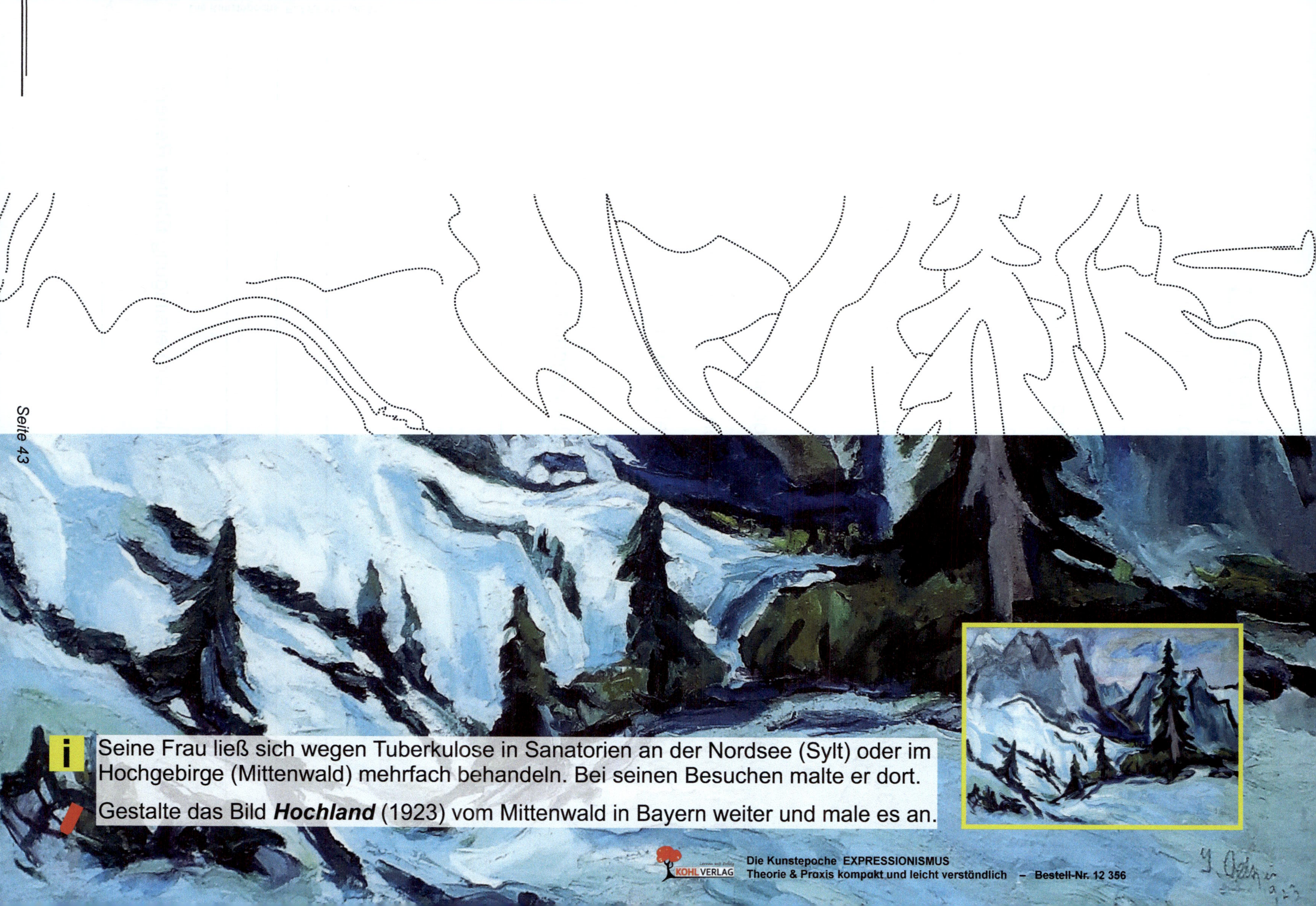

Seine Frau ließ sich wegen Tuberkulose in Sanatorien an der Nordsee (Sylt) oder im Hochgebirge (Mittenwald) mehrfach behandeln. Bei seinen Besuchen malte er dort.

Gestalte das Bild ***Hochland*** (1923) vom Mittenwald in Bayern weiter und male es an.

Test Expressionismus

1. a) Von welchem Begriff stammt Expressionismus ____________________?

   b) Was bedeutet der Begriff ______________________________________?

2. Setze den richtigen Zeitraum und zwei Künstler ein.

Die ersten Bilder mit expressionistischen Ansätzen wurden bereits zwischen

________________ von ____________________________________ gemalt.

3. Unterstreiche die richtigen Begriffe, die zum Expressionismus gehören.
   Die Künstler wollten

   a) perspektivisch genau perspektivisch verzerrt

   b) abstrahierend wirklichkeitsgenau

   c) bei bestimmten Lichtverhältnissen mit gefühlvollem Ausdruck

   d) ohne Einzelheiten mit Einzelheiten malen.

4. Nenne a) die bedeutende expressionistische Künstlervereinigung in Dresden mit b) zwei Künstlern, die ihr angehörten.

   a) ____

   b) ____

5. Erkläre den Namen **Blauer Reiter**:

____

____

____

6. Welches Ereignis trennte die Künstler der Vereinigung **Blauer Reiter**?

____

Die Kunstepoche EXPRESSIONISMUS
Theorie & Praxis kompakt und leicht verständlich – Bestell-Nr. 12 356
KOHL VERLAG

Test Künstler

1. Ordne den Künstlern die Lebensdaten jeweils mit einer Linie zu.

August Macke	1881-1914
Franz Marc	1876-1907
Otto Modersohn	1890-1918
Paula Modersohn-Becker	1880-1916
Egon Schiele	1865-1943

2. Trage die Hauptthemen der Künstler ein: **Kinder** und **Tiere**.

a) Franz Marc malte ______________________________.

b) Paula Modersohn-Becker malte ______________________.

3. Unterstreiche die Fakten.
Am **6. April 1914** - **24.12.1899** unternahmen **Franz Marc, Egon Schiele und Vincent van Gogh** - **Louis Moilliet**, **August Macke**, **und Paul Klee** eine **14-tägige Reise** - **3-järige Reise** nach **Spanien** - **Tunesien**, um dort zu **kuren** - **neue Anregungen zu finden**.

4.) Trage den Künstlernamen und Bildtitel ein.

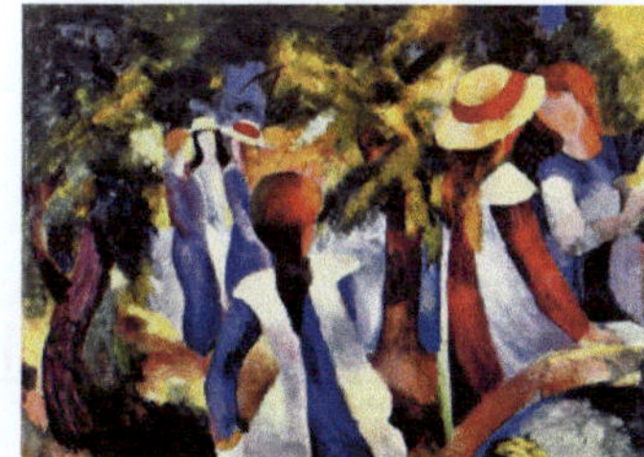

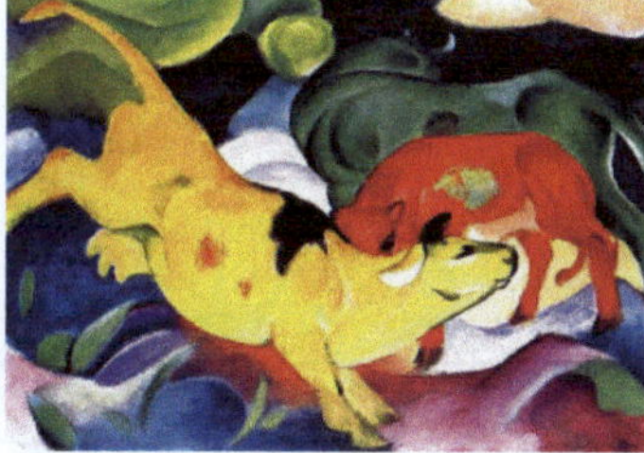

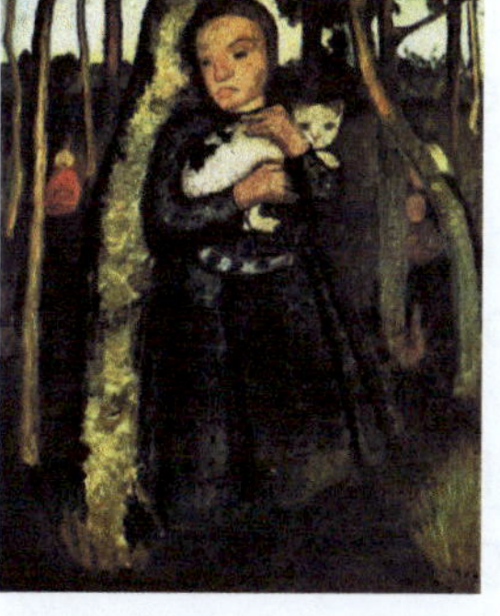

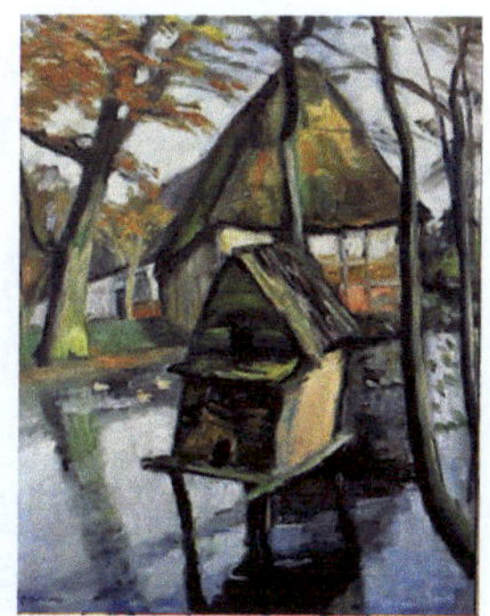

a)______________ b)______________ c)______________ d)______________

______________ ______________ ______________ ______________

______________ ______________ ______________ ______________

Die Kunstepoche EXPRESSIONISMUS
Theorie & Praxis kompakt und leicht verständlich – Bestell-Nr. 12 356
KOHL VERLAG

Lösungen

Test Expressionismus

1.a) expressio (lateinisch), b) Ausdruck

2.) 1895 bis 1900
Vincent van Gogh, Paul Gauguin, Henri de Toulouse-Lautrec, James Ensor, Edvard Munch und Ferdinand Hodler

3. Die Künstler wollten
a) perspektivisch verzerrt
b) abstrahierend
c) mit gefühlvollem Ausdruck
d) ohne Einzelheiten malen.

4.a) Die Brücke
b) Ernst Ludwig Kirchner, Karl Schmitt-Rottluff, Erich Heckel und Fritz Bleyl, später Otto Mueller, Max Pechstein und kurzzeitig Emil Nolde

5.) Wassily Kandinsky: „Den Namen **Der Blaue Reiter** erfanden wir am Kaffeetisch in der Gartenlaube ... (am Wohnsitz von Franz Marc). Beide liebten wir Blau, Marc Pferde, ich Reiter. So kam der Name von selbst."

6.) 1. Weltkrieg

Test Künstler

1.)

August Macke	1881-1914
Franz Marc	1876-1907
Otto Modersohn	1890-1918
Paula Modersohn-Becker	1880-1916
Egon Schiele	1865-1943

2.a) Franz Marc, Tiere
b) Paula Modersohn-Becker, Kinder

3.) Am 6. April 1914 unternahmen Louis Moilliet, August Macke und Paul Klee eine 14-tägige Reise nach Tunesien, um neue Anregungen zu finden.

4.a) August Macke, Mädchen im Grünen
b) Franz Marc, Kühe - rot, grün, gelb
c) Paula Modersohn-Becker, Mädchen mit Katze im Birkenwald
d) Otto Modersohn, Entenhaus an der Wümme

Die Kunstepoche EXPRESSIONISMUS
Theorie & Praxis kompakt und leicht verständlich - Bestell-Nr. 12 356
KOHL VERLAG

Künstler

Der Expressionismus breitete sich von Deutschland weltweit aus. Viele Künstler befassten sich mit dieser Kunstrichtung und entwickelten sie individuell weiter.
Eine Auswahl von international bekannten Künstlern:
Max Beckmann Deutschland (1884-1950)
Heinrich Campendonk Deutschland (1889-1957)
Lovis Corinth Deutschland (1858-1925)
Helen Dahm Schweiz (1878-1968)
James Ensor Belgien (1860-1949)
Johannes Itten Schweiz (1888-1967)
Käthe Kollwitz Deutschland (1867-1945)
Alfred Kubin Österreich (1877-1959)
Lyonel Feininger USA (1871-1956)
Marie Laurencin Frankreich (1883-1956)
Ernst Ludwig Kirchner Deutschland (1880-1938)
Paul Klee Deutschland (1879-1940)
Oskar Kokoschka Österreich (1886-1980)
August Macke Deutschland (1887-1914)
Franz Marc Deutschland (1880-1916)
Paula Modersohn-Becker Deutschland (1876-1907)
Jan Oeltjen Deutschland (1880-1968)
Otto Mueller Deutschland (1874-1930)
Edvard Munch Norwegen (1863-1944)
Gabriele Münter Deutschland (1877-1962)
Emil Nolde Deutschland (1867-1956)
Max Pechstein Deutschland (1881-1955)
Georges Rouault Frankreich (1871-1958)
Egon Schiele Österreich (1890-1918)
Karl Schmidt-Rottluff Deutschland (1884-1976)
Irma Stern Südafrika (1894-1966)
Nicolae Tonitza Rumänien (1886-1940)
Marianne von Werefkin Russland (1860-1938)

i

Bücher und Arbeitshefte mit weiteren Informationen und Aufgaben über den Expressionismus und seine Künstler aus dem **Kohl-Verlag**:
Franz Marc - Anmalen und weitergestalten
August Macke - Anmalen und weitergestalten
Paula Modersohn-Becker - Anmalen und weitergestalten
Künstler in die Klassen
Kunstwerke für Schulen
Moderne Kunst
Kunstwerke entdecken und anmalen
Kunstmutbuch
Kunst fachfremd unterrichten
Kunstgeschichte für Kinder

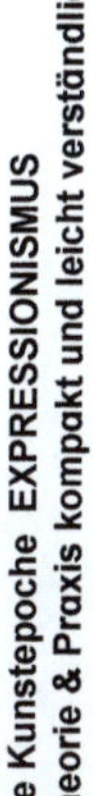

Epochen

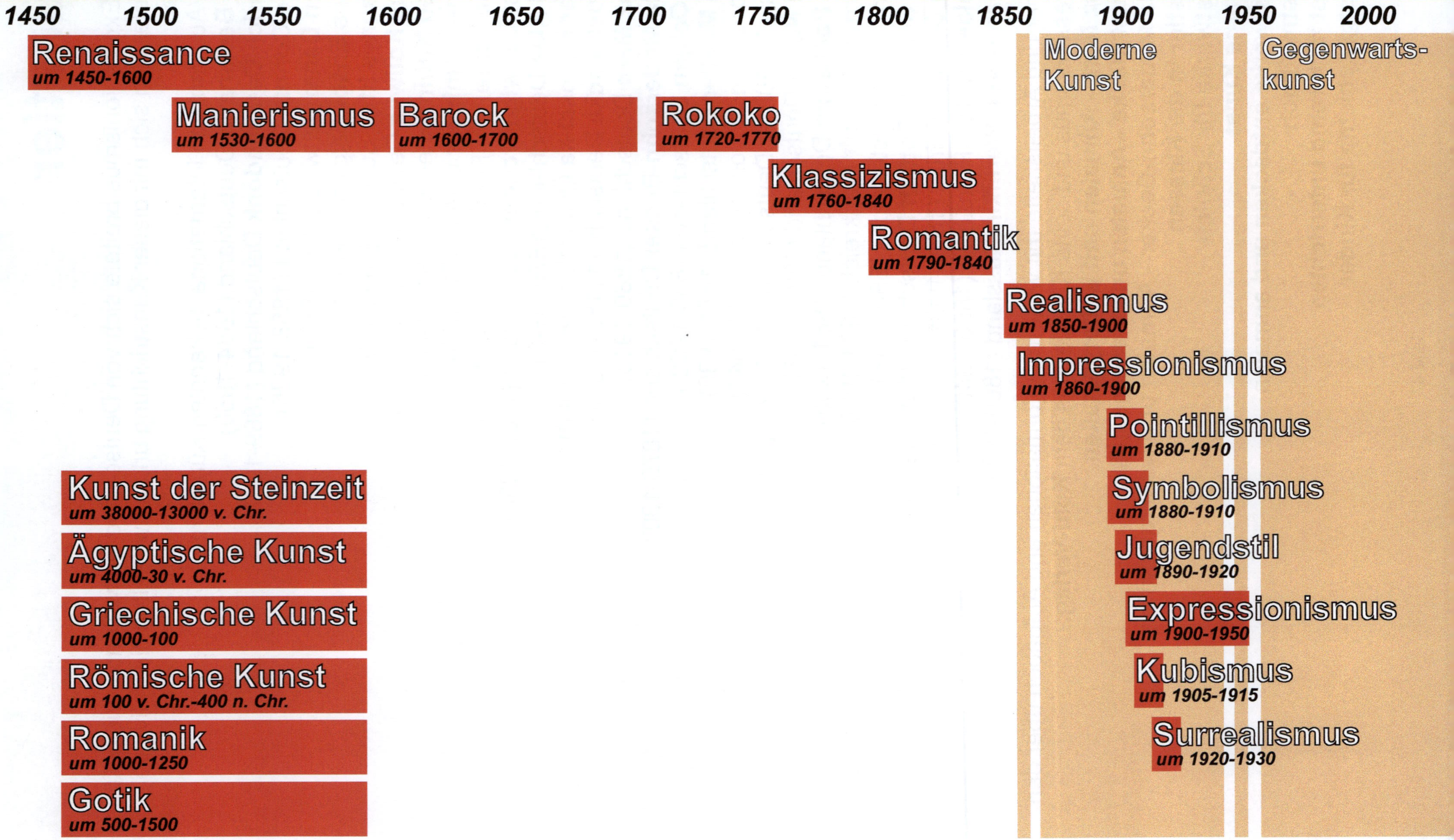

1450 1500 1550 1600 1650 1700 1750 1800 1850 1900 1950 2000

Renaissance
um 1450-1600

Manierismus
um 1530-1600

Barock
um 1600-1700

Rokoko
um 1720-1770

Klassizismus
um 1760-1840

Romantik
um 1790-1840

Moderne Kunst

Realismus
um 1850-1900

Impressionismus
um 1860-1900

Pointillismus
um 1880-1910

Symbolismus
um 1880-1910

Jugendstil
um 1890-1920

Expressionismus
um 1900-1950

Kubismus
um 1905-1915

Surrealismus
um 1920-1930

Gegenwarts-kunst

Kunst der Steinzeit
um 38000-13000 v. Chr.

Ägyptische Kunst
um 4000-30 v. Chr.

Griechische Kunst
um 1000-100

Römische Kunst
um 100 v. Chr.-400 n. Chr.

Romanik
um 1000-1250

Gotik
um 500-1500